Beth Casey, Caroline Jones

Lernen
kann ich
immer und
überall!

Weltentdeckungen und
Lernanregungen
für 3- bis 5-Jährige

Impressum

Titel der englischen Originalausgabe:
Help your child to learn
Everything you need to know about early years education

© der englischen Originalausgabe:
Step Forward Publishing, 2005

Titel der deutschen Ausgabe:
Lernen kann ich immer und überall!
Weltentdeckungen und Lernanregungen für 3- bis 5-Jährige

Autorinnen:
Beth Casey, Caroline Jones

Titelbildmotiv:
„Winterabend in Berlin", Alexandra Kimel, 6 Jahre
KLAX gGmbH

Illustrationen:
Cathy Hughes

Übersetzung:
Rita Kloosterziel

Bearbeitung für Deutschland:
Verlag an der Ruhr

Druck:
Druckerei Uwe Nolte, Iserlohn

Verlag:
Verlag an der Ruhr
Alexanderstraße 54 – 45472 Mülheim an der Ruhr
Postfach 10 22 51 – 45422 Mülheim an der Ruhr
Tel.: 0208/439 54 50 – Fax: 0208/439 54 239
E-Mail: info@verlagruhr.de
www.verlagruhr.de

© der deutschen Ausgabe
Verlag an der Ruhr 2007
ISBN 978-3-8346-0243-5

geeignet für
die Altersstufen **3 4 5** 6 7 8

Inhaltsverzeichnis

Inhaltsverzeichnis

Bewegung und Gesundheit

Ästhetik und Gestalten Musik und Rhythmik

Schulbeginn

Hilfe für das Kind

FrühPädagogInnen und Eltern sind die ersten und die wichtigsten Lehrer des Kindes. All die Zeit, die sie mit ihm verbringen, mit ihm lesen, spielen oder sich einfach unterhalten, ist für das Kind eine Zeit des Lernens. Alltägliche Aktivitäten, die einem uns vorkommen, können Kindern wunderbare Erfahrungen bereiten und ihnen Gelegenheiten zu Erkundungen und Entdeckungen bieten. Lernen muss und sollte keine lästige Pflicht sein. Es ist etwas, das man gemeinsam tun und genießen kann. Die Aktivitäten in diesem Buch mögen wie Spiele aussehen, doch sie verfolgen zugleich klare pädagogische Ziele.
Also: Viel Spaß beim Lernen <u>und</u> Spielen!

 ## Lernen in den ersten Jahren

Egal, ob ein Kind einen Kindergarten, eine Kindertagesstätte oder die Eingangsklasse der Grundschule besucht: Wenn es zwischen drei und fünf Jahre alt ist, sollten Sie die Aktivitäten, die es unternimmt, konsequent darauf ausrichten, ihm zu helfen, bestimmte Ziele und Ergebnisse zu erreichen.

In Deutschland geben die Bildungspläne der Bundesländer vor, welche Ziele die meisten Kinder bis zum Ende der Kindergartenzeit erreicht haben sollten. Erwarten Sie nicht, dass alle Kinder all diese Ziele erreichen, während sie noch den Kindergarten besuchen, also im Alter von drei bis vier Jahren. Zu diesem Zeitpunkt arbeiten sie noch auf diese Ziele hin.

Kinder entwickeln sich unterschiedlich schnell und die Kinder in der Gruppe oder Klasse arbeiten wahrscheinlich auf unterschiedlichem Niveau. Aufgabe der PädagogInnen ist es, Kinder zu beobachten, sie zu beurteilen und ihnen zu helfen, sich weiterzuentwickeln. Dabei müssen sie angemessene Aktivitäten entwickeln und Erfahrungen ermöglichen, die den Lernbedürfnissen der Kinder entsprechen.

 ## Spielen ist wichtig

Manche der in diesem Buch beschriebenen Aktivitäten haben eher einen spielerischen Charakter, was sie aber nicht weniger wertvoll macht. Kinder machen einige ihrer besten Lernerfahrungen, wenn sie die Freiheit haben, zu erkunden, zu entdecken und Spaß zu haben, ohne dass ein Erwachsener ihnen sagt, was sie tun oder denken sollen. Weil das Spielen Spaß macht, wird sein pädagogischer Wert leicht übersehen, doch Spiele können wirksame Lerninstrumente sein.

Einleitung – Hilfe für das Kind

 ## Wie Kinder lernen

Die Lernziele der Bildungspläne für den Kindergarten sind in Bereiche eingeteilt, wie die folgenden:

- Soziales Lernen
- Sprachliches Grundverständnis
- Mathematische Grunderfahrung
- Natur und kulturelle Umwelt
- Bewegung und Gesundheit
- Ästhetik und Gestalten
- Musik und Rhythmik …

Das bedeutet jedoch nicht, dass Kinder in säuberlich getrennten Bereichen lernen. Ein Kind, das sich mit seinen Spielzeugautos und seiner Autowerkstatt beschäftigt, redet dabei, hantiert mit den Autos und sortiert sie vielleicht nach Lastern und Pkw oder tut so, als würde es sie auftanken. Dieses Kind macht Fortschritte in seiner sozialen Entwicklung, wenn es mit anderen teilt, spricht und interagiert. Es ist kreativ, wenn es sich vorstellt, dass es in einer echten Autowerkstatt spielt. Gleichzeitig erweitert es möglicherweise seine mathematischen Fertigkeiten, wenn es die Autos hintereinander aufstellt und sie durchzählt oder nach Farben oder Größe sortiert.

Vielleicht fällt Ihnen auf, dass ein Kind in manchen Bereichen raschere Fortschritte macht als in anderen. So kann der dreijährige Jan z.B. schon recht gut sprechen, braucht aber im sozialen Bereich mehr Unterstützung, weil er sich mit dem Teilen schwer tut. Lena, die vier Jahre alt ist, kann sich gut konzentrieren und hat Spaß an Büchern. Ihr Sprachvermögen ist gut entwickelt, doch bei Bewegungsaktivitäten ist sie unsicher und muss ermuntert werden, Klettergeräte zu nutzen.

Die Aktivitäten in diesem Buch sind in Kapitel aufgeteilt, die den sechs Lernbereichen entsprechen. Zu Beginn jedes Kapitels zeigen wir anhand einiger Beispiele, wie sich das Kind auf den einzelnen Entwicklungsstufen erwartungsgemäß verhält, doch Kinder entwickeln sich unterschiedlich. Denken Sie daran, dass die Meilensteine der Entwicklung zwar eine nützliche Leitlinie darstellen, dass die Kindheit jedoch eine Reise ist und kein Wettrennen!

Soziales Lernen

Hier geht es um die Lernhaltung der Kinder und darum, wie sie sich selbst sehen, wie sie Beziehungen zu anderen Personen – Kindern und Erwachsenen – gestalten. Außerdem geht es um ihr Verhalten. Auch Gemeinschaftssinn und die Fähigkeit, für sich selbst zu sorgen, gehören in diesen Bereich.

- Am Ende der Kindergartenzeit sollte ein Kind Motivation und Interesse am Lernen zeigen und es sollte erkennen lassen, dass es immer noch mehr wissen will. Dreijährige stellen ständig neue Fragen, fragen immer wieder „Warum?" und zeigen so ihre Neugierde. In Geschäften kann es passieren, dass sie Sachen spontan anfassen und sie untersuchen. Ein älteres Kind möchte erkunden, experimentieren und über das sprechen, was es gesehen oder getan hat.

- Ein junges Kind könnte sich z.B. noch auf der Entwicklungsstufe befinden, auf der es anderen Kindern Spielsachen wegnimmt oder mit ihnen streitet, aber allmählich lernt, zu teilen und anderen Kindern z.B. im Spiel eine imaginäre Tasse Tee anbietet.

- Ein junges Kind braucht vielleicht noch Hilfe beim Händewaschen, wenn es zur Toilette geht oder sich die Jacke anzieht. Je mehr die unterschiedlichen Fähigkeiten der „Selbstversorgung" zunehmen, desto besser ist ein Kind in der Lage, sich selbstständig an- und auszuziehen und sich um seine Körperpflege zu kümmern.

freunde finden

Bei Beziehungen geht es um Kommunikation. Und es geht darum, dass Kinder das Gefühl haben, dazuzugehören, und erkennen, dass ihr Leben mit dem anderer Menschen ver- knüpft ist. Ein Kind, das in der Lage ist, erfolgreiche Beziehungen aufzubauen, wächst zu einem sicheren, empfindsamen und fürsorglichen Erwachsenen heran.

Hier eine Ideenliste für Eltern:

- Kinder können schon früh lernen, vertraute Erwachsene und andere Kinder zu erkennen und Beziehungen zu ihnen aufzubauen. Versuchen Sie, sie darin zu unter- stützen, und besuchen Sie eine Krabbel- oder Spiel- gruppe in Ihrer Nachbarschaft oder nehmen Sie mit Ihrem Kind z.B. an Schwimmkursen teil.

- Laden Sie andere Kinder und Erwachsene ein. Besuchen Sie sie von Zeit zu Zeit zu Hause und nehmen Sie Ihrerseits Einladungen an, andere zu besuchen.

- Laden Sie ein anderes Kind zu sich ein und ermuntern Sie die Kinder, zusammen zu spielen.

- Weisen Sie das Kind auf Personen hin, die in Geschäften arbeiten und unterhalten Sie sich über sie. Ermuntern Sie das Kind, Blickkontakt mit diesen Erwachsenen aufzunehmen und ihnen z.B. das Geld für die Ein- käufe zu geben – und sich zu trauen, „Hallo" zu sagen. Dies ist außerdem ein passender Moment, ein Kind daran zu erinnern, dass zu höflichem Verhalten gehört, „Bitte" und „Danke" zu sagen.

- Ermuntern Sie vertraute Erwachsene und ältere Kinder, sich mit Ihrem Kind hinzusetzen und Bücher anzusehen.

- Sprechen Sie über Menschen im Leben Ihres Kindes. Fotografien sind dabei sehr hilfreich. Stellen Sie ein Buch mit dem Titel „Meine Freunde" oder „Meine Familie" zusammen und helfen Sie ihm so zu verstehen, dass es zu einer Gruppe gehört.

Sich abwechseln und teilen

Sich abzuwechseln ist für kleine Kinder nicht selbstverständlich –
sie müssen es lernen. Sie können den Kindern helfen, indem Sie
Spiele spielen, bei denen man sich abwechseln muss.

Selbst kleine Babys wechseln sich mit ihren Eltern ab, wenn sie
mit ihnen kommunizieren. Wenn Erwachsene mit einem Baby
sprechen, reagiert es immer auf irgendeine Weise. Spiele wie
„Kuckuck", die zur Nachahmung anregen, fördern das Verständnis dafür, dass jemand zuerst etwas macht „und dann
bin ich wieder an der Reihe".

 ## Spielsachen tauschen

Kinder können sehr Besitz ergreifend sein, wenn es um ihre
Spielsachen geht. Versuchen Sie, die Kinder zu ermuntern,
Spielzeuge zu tauschen und sie nach einer festgesetzten
Zeit wieder zurückzugeben.

 ## Mit gutem Beispiel vorangehen

Machen Sie bei den Rollenspielen der Kinder mit und
übernehmen Sie abwechselnd das Kochen und das
Geschirrspülen. Weisen Sie sie aber
dann darauf hin, wenn Sie sich als
Erwachsene bei alltäglichen
Aktivitäten abwechseln:
„Heute bin ich mit dem
Tischdecken/Geschirrspülen
an der Reihe."

 ## Hilfe beim gemeinsamen Essen

Ermuntern Sie die Kinder bei
den Mahlzeiten, Teller an
andere weiterzureichen. Lassen
Sie sie beim Tischdecken helfen
– ein Kind kann das Besteck
verteilen, ein anderes die Teller
oder die Gläser.

Sich abwechseln und teilen

Das können Eltern tun:

- Besuchen Sie eine Krabbel- oder Spielgruppe in der Nachbarschaft und nehmen Sie das Kind nicht aus der Gruppe, wenn es eventuell ständig in Streitereien über Spielsachen verwickelt ist! Es lernt gerade, mit anderen zu teilen.

- Auch wenn Sie Briefe zur Post bringen, das Kaninchen füttern oder die Blumen gießen, können Sie Kinder so auf „abwechselnd an der Reihe sein" aufmerksam machen.

- Ein Einkauf mit kleinen Kindern kann unterhaltsamer werden, wenn die Kinder eine Aufgabe bekommen. So könnten die Kinder vielleicht die Dosen in den Einkaufswagen legen, während Sie die Schachteln übernehmen.

Wie sag ich's richtig?

Versuchen Sie, Formulierungen zu verwenden, die Kindern helfen, die Idee vom Abwechseln zu verstehen:

 „Du bist noch nicht an der Reihe, aber gleich bist du dran."

 „Wer ist heute mit Tischdecken an der Reihe? Ja, du bist dran, Simon. Jan war gestern dran."

 „Einer nach dem anderen!"

 „Wechselt euch ab – Karolin zuerst, dann Max."

 „Keine Sorge, ihr kommt alle an die Reihe!"

Wenn Sie Kinder beim Spielen zueinander sagen hören „Nein, er ist jetzt dran", dann wissen Sie, dass sie die Grundidee begriffen haben. Aber vergessen Sie nicht: Selbst Teenager streiten noch darum, wer an der Reihe ist, z.B. auf dem Beifahrersitz im Auto mitzufahren.

An andere denken

In Wort und Tat mit gutem Beispiel voranzugehen, ist vielleicht die beste Methode, ein Kind zu Fürsorglichkeit und Mitteilsamkeit zu erziehen. „Mach es so wie ich" und „Sag es so wie ich" kann das Kind dann leicht verstehen.

 ## Fürsorge und Mitteilsamkeit

Sich mitzuteilen ist auch auf der persönlichen Ebene wichtig. Wenn es einem Kind nicht gut geht, wird es umsorgt. Wenn Sie sich nicht wohl fühlen, sagen Sie den Kindern: „Ich habe Kopfschmerzen. Könnt ihr euch heute um mich kümmern, indem ihr leise spielt oder aufräumt?" Es ist viel besser, das Kind zu fürsorglichem Verhalten anzuregen als barsch und gereizt zu reagieren, wenn das Kind die Ursachen nicht begreift.

 ## Loben Sie das Kind

Es ist wichtig, das Selbstwertgefühl eines Kindes zu stärken. Daher sollten Sie es loben, wenn es fürsorglich oder hilfsbereit ist. Wenn sich ein Kind beim Teilen oder Abwechseln schwer tut, versuchen Sie es mit dem „Ich verstehe, dass-" Ansatz. „Ich verstehe, dass du … möchtest, aber wenn du wartest, bis … fertig ist, dann bist du an der Reihe." Diese Methode ist angebracht, wenn ein Kind Spielsachen oder Aufmerksamkeit fordert und Gespräche unterbricht. Verstärken Sie seine Geduld, indem Sie dem Kind zum angemessenen Zeitpunkt die geforderte Aufmerksamkeit oder das Spielzeug geben.

 ## Weihnachtszeit

Räumen Sie ungeliebte Spielsachen weg, um Platz für neue zu schaffen. Warum nicht Sachen aussortieren, die noch in annehmbarem Zustand sind, und sie zusammen mit den Kindern zu einer Wohltätigkeitsorganisation oder zu einer Weihnachtssammelaktion bringen? Erklären Sie den Kindern, wie Spenden verwendet werden, um anderen zu helfen, denen es nicht so gut geht. Zeigen Sie positives Verhalten auf, die Fürsorglichkeit und Rücksichtnahme erkennen lassen. Jemanden in den Arm zu nehmen und zu kuscheln, ist sicher sehr wichtig, doch Spielsachen wegzuräumen, zu teilen und ohne Theater ins Bett zu gehen, ist ebenfalls Zeichen für rücksichtsvolles Verhalten. Wenn das Kind innerhalb der Familie oder der Kindergartengruppe ein Gefühl für Verantwortung und Verständnis entwickelt, kann es dies in der Außenwelt fortsetzen.

An andere denken

Das können Eltern tun:

- Lassen Sie Ihr Kind teilhaben, wenn Sie Oma, Opa oder einen älteren Verwandten anrufen oder ihm schreiben. Geben Sie ihm eine einfache Erklärung: „Oma ist ganz allein, sollen wir ihr eine Karte/einen Brief schreiben?"

- Auch wenn Sie einem neuen Nachbarn einen Besuch abstatten wollen, können Sie Ihr Kind mit einer einfachen Erklärung einbeziehen und so seine Hilfsbereitschaft anbahnen: „Die neue Familie hat hier noch keine Freunde. Sollen wir hingehen und ‚Hallo' sagen?"

- Besprechen Sie gemeinsam mit Ihrem Kind beim Zubettgehen: „Was habe ich heute getan, das nett war?" Überlegen Sie auch, was Sie am nächsten Tag tun können.

- Entwerfen Sie kleine Checklisten wie diese:

Wo habe ich heute geholfen?

Male das passende Gesicht an. ☺ 😐 ☹

☺ 😐 ☹ Ich habe den Tisch gedeckt.

☺ 😐 ☹ Ich war ruhig, als mein Bruder geschlafen hat.

☺ 😐 ☹ Ich habe meine Spielsachen weggeräumt.

Name: _____

Gefühle erkunden

Es gibt kein Geheimrezept, das einem Kind hilft, glücklich zu sein. Doch Eltern, und Erzieher, die mit dem Kind sprechen und sich auf seine Gefühle einstellen, geben ihm die Art von „emotionalem Training", die von unschätzbarem Wert ist.

Bevor Kinder lernen können, ihre Gefühle unter Kontrolle zu bekommen, müssen sie wissen, wie sie sie benennen und erkennen. Dabei kann das gemeinsame Betrachten eines Fotoalbums oder einer Zeitschrift und das Gespräch über Gesichter und Gesichtsausdrücke eine wertvolle Erfahrung sein. Kinder finden Bilder und Fotos von Leuten faszinierend und verbringen viel Zeit damit, sie anzusehen.

- Schneiden Sie mit dem Kind zusammen Bilder aus Zeitschriften aus und überlegen Sie gemeinsam, wie sich die Person auf dem Bild fühlt und welchen Grund es dafür geben könnte.

- Vergessen Sie nicht, dass Sie das Kind am besten kennen. Sie können seinen Gesichtsausdruck und seine Körpersprache deuten. Oft wissen Sie, wie dem Kind zumute ist, auch wenn es nicht die richtigen Worte findet, um es Ihnen mitzuteilen.

- Es ist hilfreich, wenn Sie dem Kind sagen, was Ihnen auffällt. „Mir ist aufgefallen, dass du die Stirn runzelst – machst du dir Sorgen über irgendetwas?" (statt „Du runzelst die Stirn – du machst dir bestimmt Sorgen!") oder „Ich habe gehört, wie du eben herumgestampft bist – stimmt was nicht?" (statt „Warum bist du so wütend?").

- Kinder haben das Recht, sowohl positive als auch negative Gefühle auszudrücken. Es kann ihr Selbstvertrauen und ihr Vertrauen in die Beziehungen stärken, die sie im Laufe ihres Lebens aufbauen.

- Kinder, die von Menschen unterstützt werden, die sie lieben, können besser mit ihren eigenen Emotionen umgehen. Sie können sich besser selbst beruhigen, wenn sie unglücklich sind, und sie sind emotional ausgeglichener. Ihr Stresslevel ist niedrig, sie sind in besserer körperlicher Verfassung, weisen weniger Verhaltensauffälligkeiten auf und sind bei Gleichaltrigen beliebter.

Mit einer Umarmung sagen: „Tut mir leid!"

Streitigkeiten innerhalb der Familie oder der Gruppe können alle unglücklich machen. Vor allem, wenn Kinder nicht wissen, wie sie **ausdrücken sollen, dass ihnen ihr Verhalten leidtut. Hier ein paar Ideen für Eltern und Erzieher, wie sich die Spannung lösen lässt.**

Wenn es zu Hause oder in der Gruppe aus irgendeinem Grund Streit gab, zwischen Geschwistern, zwischen Kindern einer Gruppe oder zwischen Eltern und Kind, fühlen sich am Ende alle schlecht. Zu sagen, dass es einem leidtut, ist ein guter Anfang, um die Situation aufzulösen. Und wenn man es mit einer Umarmung sagen kann, wissen Kinder ganz sicher, dass man ihnen vergeben hat.

Versuchen Sie, unausgesprochenen Ärger oder Schuldgefühle in einem ruhigen Moment oder vor dem Schlafengehen aufzulösen. Ein ruhiger Moment ist ein guter Zeitpunkt, die Dinge durchzusprechen, die sich im Laufe des Tages ereignet haben. Vielleicht müssen Sie dem Kind helfen, sich vorzustellen, wie es sich anfühlt, derjenige zu sein, den es verletzt hat. Es ist wichtig, Kindern zu helfen, sich gegenseitig zu sagen, dass es ihnen leidtut. Ebenso wichtig ist es, dass Sie bereit sind, sich bei ihnen zu entschuldigen, wenn Sie etwas falsch gemacht haben.

Lesen Sie dieses Gedicht gemeinsam. Fallen Ihnen noch andere Missetaten ein, zu denen Sie einen neuen Vers dichten können?

1,2,3, es tut mir leid,
ich wollte wirklich keinen Streit,
wollt' nicht so schlimme Wörter sagen
und einfach so den Patrick schlagen!

Tim und Lena, tut mir leid,
dass ihr mit mir böse seid.
Morgen, das verspreche ich,
geb ich mir Mühe und bessere mich!

Mama, Papa, tut mir leid,
dass ihr zu spät gekommen seid,
weil ich so getrödelt habe
mit der Rechenhausaufgabe.

 Bücher zum Thema

Geisler, Dagmar:
Weinen, lachen, wütend sein – dafür bin ich nicht zu klein!
ab 2 J., Oetinger Verlag, 2006. ISBN 978-3-7891-6576-4

Löffel, Heike; Manske, Christa:
Ein Dino zeigt Gefühle.
ab 4 J., Mebes & Noack, 2006. ISBN 978-3-927796-42-3

Wenn jemand stirbt

Irgendwann müssen Sie dem Kind vielleicht helfen, mit dem Verlust eines Verwandten, eines Freundes oder eines Haustieres fertig zu werden. Bücher mit Geschichten bieten dabei eine gute Unterstützung, über den Verlust eines nahestehenden Menschen oder Tieres hinwegzukommen.

Haustiere

Es ist wichtig, mit Kindern ehrlich über die Lebenserwartung von Haustieren zu sprechen, vor allem bei Hamstern und Rennmäusen, die häufig nicht älter als zwei oder drei Jahre werden. Der Verlust eines Haustieres ist für ein Kind oft die erste Begegnung mit dem Tod und kann eine intensive Erfahrung sein. Sie brauchen viele Gelegenheiten, über ihre Gefühle zu sprechen und Erinnerungen auszutauschen.

Vielleicht hilft es, mit einem einfachen Zeremonie Abschied zu nehmen. Tun Sie die Trauer des Kindes nicht als unwichtig ab. Helfen Sie ihm, die Trauer auszudrücken. Manche Kinder scheinen recht gefühllos auf den Tod eines Haustieres zu reagieren und wollen schon nach ganz kurzer Zeit ein neues Kätzchen haben. Auch das ist normal und sollte nicht verurteilt werden.

Wenn jemand stirbt

Verwandte

Wenn Großvater, Großmutter oder ein anderer naher Verwandter stirbt, empfinden junge Kinder ihre eigenen Gefühle und die Trauer um sie herum oft als verwirrend. Es kann sein, dass sie immer wieder dieselben Fragen stellen und viel Bestätigung und Sicherheit brauchen. Es ist wichtig, dass Sie ihnen so ehrlich wie möglich auf ihre Fragen antworten. Viele Kinder verwechseln Tod und Schlaf. Sie müssen ihnen helfen zu begreifen, dass es einen Unterschied zwischen beidem gibt, auch wenn diese Erkenntnis schmerzhaft ist. Oft hilft es Kindern, an irgendeiner Form von Zeremonie teilzunehmen oder in ein anderes Ritual einbezogen zu werden und sich in diesem Rahmen verabschieden zu können. Sie könnten auch ein Buch mit Fotos und Erinnerungen für das Kind zusammenstellen.

Freunde

Bisweilen werden Kinder mit dem Tod eines Freundes oder eines Geschwisterkindes konfrontiert. Auch in einem solchen Fall ist es wichtig, den Kindern Gelegenheit zu geben, über ihre Erinnerungen zu sprechen, Bilder zu malen und an einem Abschiedsritual teilzunehmen.

 Bücher zum Thema

Varley, Susan:
„Leb wohl, lieber Dachs"
ab 5 J., Betz Verlag, 2000.
ISBN 978-3-219-10283-3

Oyen, Wenche; Kaldhol, Marit:
Abschied von Rune.
5–6 J., Ellermann Verlag, 2000.
ISBN 978-3-7707-6272-9

Nilsson, Ulf; Eriksson, Eva:
Die besten Beerdigungen der Welt.
ab 5 J., Moritz Verlag, 2006.
ISBN 978-3-89565-174-8

Erlbruch, Wolfgang:
Ente, Tod und Tulpe.
ab 4 J., Kunstmann Verlag, 2007.
ISBN 978-3-88897-461-8

Umgangsformen erlernen

Dieses Fingerspiel hilft, Kindern Umgangsformen beizubringen und zugleich ihr Sprachvermögen zu fördern.

 Trafen sich zwei dicke Herren,

 verbeugten sich galant.

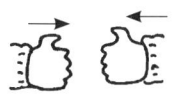 Sagten „Guten Tag, wie geht's?"
Und gaben sich die Hand.
(die Daumenspitzen berühren sich)

Wiederholen Sie den Vers und ersetzen Sie dabei die „zwei dicken Herren" mit

- „Zwei dünne Damen" – hier den Zeigefinger krumm machen

- „Zwei große Polizisten" – hier den Mittelfinger krumm machen

- „Zwei kleine Jungen" – hier den Ringfinger krumm machen

- „Zwei kleine Babys" – hier den kleinen Finger krumm machen

 ### Wie diese Aktivität dem Kind helfen kann

- Kinder unterhalten sich untereinander, wenn sie Fingerspiele machen.

- Reime und Wiederholungen sind wichtige Hilfen beim Lesenlernen.

- Eine Abfolge von Ereignissen einzuhalten (vom Daumen zum kleinen Finger weiterzugehen) schult das Kurzzeitgedächtnis. Dies ist eine weitere Fähigkeit, die beim Lesen wichtig ist. (Beim Lesen eines Satzes müssen Kinder, um den Sinn zu verstehen, die Wörter am Satzanfang noch im Gedächtnis haben, wenn sie das Satzende erreichen.) Ein Reimmuster aufzubauen, hilft den Kindern, vorangegangene Informationen zu behalten.

- In diesem Reim geht es darum, einander höflich zu begrüßen. Kinder müssen Umgangsformen lernen und verstehen, dass wir uns alle nach einem gesellschaftlich akzeptablen Verhaltenskodex benehmen müssen.

- Die Fingerbewegungen fördern feinmotorische Fertigkeiten.

„Danke" und „Bitte" sagen

„Danke" und „Bitte" sagen zu lernen, kann verwirrend sein für ein Kind.
Hier sind ein paar Ideen für Eltern und Erzieher, die zu höflichen
Umgangsformen anregen können.

Wenn Sie einem Kind höfliche Umgangsformen beibringen wollen, sollten Sie zunächst selbst mit gutem Beispiel vorangehen.
Doch selbst dann kann es passieren, dass
Kinder nicht genau wissen, was einige der
„Zauberwörter" bedeuten. Bisweilen fällt es
ihnen schwer, eine Antwort auf die Frage
„Wie sagt man?" zu finden. Jeder von uns
hat schon mit angesehen, wie ein Kind ver-
zweifelt nach der richtigen Formulierung
sucht („Entschuldigung", „Bitte", „Danke"
usw.) und dann fast unweigerlich das Falsche
sagt. Solche Höflichkeiten müssen selbstverständlich werden, doch dafür braucht es
viele Übungsgelegenheiten.

Versuchen Sie, diesen Reim mit den Kindern
zu lernen und sie so an das Wort „Bitte" zu
erinnern:

> *Willst du Wasser, hast du Durst?*
> *Dann sag's doch mit „bitte"!*
> *Willst du ein Butterbrot mit Wurst?*
> *Dann sag's doch mit „bitte"!*
>
> *Denn wer immer „bitte" sagt,*
> *freundlich und auch höflich ist,*
> *das „Bitte"-Sagen nicht vergisst,*
> *dem gibt man gern, wonach er fragt.*

Dankeschön-Briefe

„Danke" zu sagen, ist eine schöne
Angewohnheit, und man kann es auf viele
unterschiedliche und fantasievolle Arten tun.
Wenn Kinder zum Spielen zu Freunden, zu
einer Geburtstagsfeier gehen oder wenn

Sie mit der Gruppe einen Ausflug machen,
erinnern Sie sie daran, höflich zu sein und
am Ende „Danke" zu sagen. Ältere Kinder
möchten vielleicht ein einfaches Dankeschön-
Briefchen schreiben oder ein Bild malen.

Bei uns ist es üblich, einander Karten oder
kleine Geschenke als Dankeschön zu geben.
Selbstgemachte Sachen sind meistens besonders schön. Wenn Kinder sich überlegen,
jemandem „Danke" zu sagen, helfen Sie ihnen dabei. Unterstützen Sie sie, z.B. eine Karte zu basteln oder ein paar Süßigkeiten selbst
zu machen.

Regeln lernen

Regeln helfen Kindern, zwischen richtig und falsch zu unterscheiden, doch für diese Regeln muss es gute Gründe geben. Kinder brauchen Gelegenheiten, über diese Gründe zu sprechen, sodass sie allmählich verstehen, warum bestimmte Entscheidungen getroffen wurden.

In Schule und Kindergarten lernen Kinder, den Unterschied zwischen richtig und falsch zu verstehen. Regeln sollen dabei nach Möglichkeit das richtige Verhalten hervorheben. Einige der Regeln, die Kinder lernen müssen, sind auf dieser Seite abgebildet.

Unterstützen Sie Eltern dabei, solche Regelplakate auch zu Hause einzuführen. Können Eltern Bilder malen, die richtiges und falsches Verhalten in der Familie darstellen? Vielleicht fällt ihnen zu jedem Raum im Haus etwas ein?
Helfen Sie dem Kind, indem Sie dazuschreiben, was auf den einzelnen Bildern zu sehen ist. Vergessen Sie nicht zu erklären, warum etwas falsch oder richtig ist. Hier sind einige Beispiele:

 ### In der Küche

Ich fasse den heißen Ofen nicht an, weil …

 ### Auf der Toilette

Ich wasche mir die Hände, wenn ich auf der Toilette war, weil …

Im Sandkasten werfe ich nicht mit Sand. Ich mache die Sandburgen anderer Kinder nicht kaputt.

Wenn ich draußen bin, warte ich ab, bis ich mit Fahrradfahren an der Reihe bin. Ich streite mich nicht darum, wer als Erster dran ist.

In der Puppenecke spielen wir gemeinsam mit Tellern und Besteck. Ich achte darauf, dass jeder mitmachen kann.

Richtig und falsch unterscheiden

Sie helfen dem Kind, richtig und falsch zu unterscheiden, indem Sie ihm zu Hause oder im Kindergarten eine Umgebung schaffen, in der festgelegte und vertretbare moralische Werte gelten. Hier finden Sie einige Beispiele, ein Kind darüber nachdenken zu lassen, wie man sich am besten verhalten sollte.

Geben Sie dem Kind die Möglichkeit, im täglichen Ablauf auszuwählen und Entscheidungen zu treffen:

 ## Spielzeit

- Unsere Freunde kommen zum Spielen. Was werden wir machen? Wir werden unsere Spielsachen teilen und gemeinsam spielen und freundlich zueinander sein.

- Geben Sie Kindern die Möglichkeit, Konflikte selbst zu lösen. Wenn Sie zu streng mit ihnen sind, wissen sie von alleine nicht, was richtig und was falsch ist.

- Helfen Sie dem Kind, die Konsequenzen seines Handelns zu verstehen, indem Sie mit ihm über die Folgen sprechen und ihm bessere Möglichkeiten aufzeigen.

 ## Schlafenszeit

Es ist Schlafenszeit – also, was machen wir jetzt? Wir räumen unsere Spielsachen weg, sodass wir wissen, wo sie sind. Wir waschen uns, putzen uns die Zähne und ziehen unseren Schlafanzug an.

Richtig und falsch unterscheiden

 Fertig machen zum Rausgehen

Wie ist das Wetter heute? Was müssen wir anziehen? Brauchst du einen Anorak? Gummistiefel? Eine Mütze und Hand-schuhe?

 Das „Wenn ..."-Spiel

Wenn wir zu unseren Freunden zu Besuch gehen ...
Was tun und denken wir?
Wie verhalten wir uns? Wie gehen wir mit anderen um?
Wenn wir einkaufen gehen ... Was tun
und denken wir? Wie benehmen wir uns?
Wie gehen wir mit den Leuten um?
Wenn wir in die Bücherei gehen ... Was tun und
denken wir? Wie benehmen wir uns? Wie gehen wir
mit den Leuten um?

- Entwerfen Sie verschiedene Szenarien und Situationen. Ermuntern Sie das Kind nachzudenken, wie es in verschiedenen Situationen am besten reagieren könnte.

- Erkennen Sie es an, wenn ein Kind positives Sozial-verhalten gezeigt hat. Wenn es seine Spielzeuge mit ande-ren geteilt, fair gespielt oder einem Freund geholfen hat, loben und belohnen Sie es großzügig.

Händewaschen

Das Händewaschen ist eine dieser Pflichten, die Kinder nur schwer verstehen können. Weil Keime unsichtbar sind, begreifen sie nicht, warum es so wichtig ist, sich die Hände regelmäßig zu waschen. Hier sind einige einfache Schritte, wie Sie Kindern richtiges Händewaschen beibringen können.

Bakterien werden vor allem über die Hände auf Nahrungsmittel übertragen. Das könnte eine Lebensmittelvergiftung zur Folge haben. Hände sind auch für die Verbreitung von Viren verantwortlich.

Viele Infektionen werden durch Tiere, vor allem durch Haustiere, auf Kinder übertragen. Hunde und Katzen können Salmonellen auf die Kinder übertragen. Versuchen Sie also, darauf zu achten, dass ein Kind sich nicht von einem Tier ablecken lässt und sich die Hände wäscht, wenn es ein Tier gestreichelt oder auf den Arm genommen hat.

Hier sind einige Tipps, wie Sie dem Kind helfen können, das richtige Händewaschen zu lernen:

■ Sorgen Sie dafür, dass Wasserhähne sich leicht öffnen und schließen lassen.

■ Achten Sie darauf, dass das Seifenstück nicht zu groß für kleine Hände ist und dass es nicht schmutzig oder rissig ist.

■ Sorgen Sie dafür, dass das Kind an das Waschbecken herankommt – stellen Sie ihm gegebenenfalls einen Hocker ins Badezimmer.

■ Schützen Sie das Kind vor Verbrühungen – achten Sie darauf, dass das Wasser nicht zu heiß ist.

Ein paar lustige Aktivitäten ermuntern das Kind vielleicht dazu, sich häufiger die Hände zu waschen:

 Entwerfen Sie gemeinsam ein Plakat über das Händewaschen und hängen Sie es als Erinnerungshilfe ins Badezimmer.

 Kaufen Sie besondere Seifenstücke – Tier- oder Obstformen oder Seife mit einem kleinen Geschenk in der Mitte, an das man nur herankommt, wenn man die Seife aufbraucht.

 Tragen Sie Sternchen in eine Tabelle ein und vergeben Sie Klebesterne, wenn sich das Kind ans Händewaschen erinnert oder wenn es sich die Hände sorgfältig gewaschen hat. Für fünf Sternchen gibt es ein kleines Geschenk.

Gemeinsame Mahlzeiten

Zusammenzukommen und gemeinsam eine Mahlzeit einzunehmen, hat nicht nur mit Essen zu tun. Es geht auch darum, sich die Zeit zu nehmen, am Tisch zu sitzen und als Gruppe oder Familie miteinander zu reden. Mahlzeiten können jedoch stressig und spannungsgeladen verlaufen, wenn junge Kinder nicht wissen, was von ihnen erwartet wird oder wie sie sich benehmen sollen.

Jede Familie oder jede Kindergartengruppe hat ihre eigenen Sitten und Gebräuche. Vielleicht finden Sie die folgenden Empfehlungen dennoch hilfreich.

- Überlegen Sie sich, welche Regeln Ihnen wichtig sind, und versuchen Sie, sie einzuhalten!

- Vor dem Essen Hände waschen!

- Nehmen Sie so viele Mahlzeiten wie möglich mit den Kindern gemeinsam am Tisch ein und ermuntern Sie sie, den bei Ihnen üblichen Umgangsformen zu folgen.

- Loben Sie ein Kind für alles, was es gut macht, z.B. wenn es das Besteck richtig auf den Tisch legt.

- Versuchen Sie, Fehler und kleine Unfälle nicht so ernst zu nehmen. Für diese Altersgruppe ist es völlig normal, Sachen zu verschütten. (Tischdecken oder Sets aus Plastik erleichtern das Saubermachen.)

- Beziehen Sie das Kind ein, wenn Sie Besuch haben, vor allem wenn Sie Essensgäste haben. Für Kinder ist dies eine sehr wichtige Lernerfahrung.

- Achten Sie darauf, dass das Kind mindestens eine Stunde vor den Mahlzeiten keine Zwischenmahlzeiten mehr bekommt.

- Keine Mahlzeiten, wenn ein Kind zu müde ist!

- Ermuntern Sie das Kind zu so viel Selbstständigkeit wie möglich. Es ist zwar schneller, ein Kind zu füttern, doch auf lange Sicht wird es dadurch in seiner Entwicklung zurückgeworfen.

Anziehen

Üben Sie diese Aktivitäten mit dem Kind. Jedes Mal, wenn es eine Aufgabe alleine erfolgreich durchführt, lassen Sie es das entsprechende Bild ausmalen (eine Socke, einen Knopf usw.). Wenn es die fünf Bilder ausgemalt hat, kann es auch die Kinder anmalen.

Ich kann mir die Socken anziehen.

Ich kenne den linken und rechten Schuh und ziehe sie richtig an.

Ich kann mir den Pullover anziehen.

Ich kann mir den Anorak anziehen.

Ich kann mir die Knöpfe zumachen.

Ich kann Reißverschlüsse zumachen.

Jeder gewinnt!

Haben Sie jemals versucht, ein Gruppenspiel zu organisieren? Alle arbeiten zusammen, mit einem gemeinsamen Ziel vor Augen.

Das bedeutet, dass es keine Verlierer gibt – und keine Tränen! Hier ist ein Spiel, das Sie einmal ausprobieren sollten.

Kinder lieben Spiele, aber oft sind sie traurig, wenn ihr Team nicht gewinnt oder ausscheidet. Spiele, bei denen die Spieler nach und nach ausscheiden, machen denjenigen Kindern großen Spaß, die schnell und gut koordiniert sind. Diese Spiele können jedoch bei manchen Kindern zu Ärger und Enttäuschung führen. Bei Gruppenspielen gewinnt jeder.

 Das brauchen Sie:

Für dieses Spiel brauchen Sie ein Paket Luftballons und ein altes Laken, bei dem Ihnen ein paar Löcher nichts ausmachen. Wenn Sie das Spiel draußen spielen können – umso besser, denn Sie brauchen ziemlich viel Platz. Wenn Sie im Haus bleiben müssen, nehmen Sie weniger Ballons und ein kleineres Laken. Zunächst müssen Sie aus der Mitte des Lakens ein Loch ausschneiden. Machen Sie es so groß, dass ein Ballon gerade eben durchpasst. Dann pusten Sie alle Ballons auf, legen sie auf den Teppich oder die Wiese und bedecken sie mit dem Laken.

 So geht es:

Stellen Sie die Kinder so auf, dass sie an den vier Seiten des Lakens stehen. Das Ziel des Spiels ist es, das Laken so lange zu bewegen, bis alle Ballons durch das Loch nach oben befördert worden sind.

 Tipp

Den Kindern macht es wirklich Spaß, gemeinsam auf dieses Ziel hinzuarbeiten und kreischen vor Lachen, wenn einer der Ballons zerplatzt. Und das passiert ziemlich oft. Vergewissern Sie sich zuvor, dass keines der Kinder Angst vor Ballons hat, denn manche Kinder mögen keine lauten Geräusche.

Gespräche in der Gruppe

Das Spiel lässt sich auch mit Bällen durchführen.
Wahrscheinlich haben Sie mit Kindern schon einen Stuhlkreis gemacht.
Aber was lernen die Kinder dabei?

Der Stuhlkreis bietet Kindern die Gelegenheit, zusammenzusitzen und sich an Aktivitäten zu beteiligen. Er bietet ihnen also Gelegenheit, das Selbstvertrauen zu gewinnen genau das zu tun – sich beteiligen!

Die Kinder sitzen im Kreis oder bilden eine kleine Gruppe um den Erwachsenen. Dabei ist die Kreisform nicht der wesentliche Punkt. Es geht vielmehr darum, zu lernen, mit Freunden zu sprechen und die Ansichten anderer zu akzeptieren.

In vielen Kindergärten werden inzwischen Stuhlkreise durchgeführt. Er bereitet das Kind auf die Diskussionen und Gespräche vor, denen es in einer großen Schule oder in seiner weiteren Umgebung begegnet.

Geschichten, Gedichte und das Kennenlernen neuer Wörter gehören zu dieser besonderen Zeit des Kindergartenalltags und ermuntern das Kind, anderen seine Gedanken mitzuteilen. Die Kinder werden angeregt, selbst zu erzählen und zuzuhören. Gleichzeitig hilft ihnen der Stuhlkreis, ihre Gefühle zu Alltagssituationen oder ihre Ängste zu äußern.

Sprachliches Grundverständnis

Dieser Lernbereich deckt den Gebrauch von Sprache zum Kommunizieren und Denken ab. Er hat auch mit der Verbindung von Lauten und Buchstaben zu tun, mit ersten Leseversuchen, dem gemeinsamen Betrachten von Büchern und auch mit Schreibanfängen und Handschrift.

- Ein junges Kind kommuniziert häufig mit Hilfe von Gesten und Mimik und zeigt z.B. auf eine Keksdose. Ein anderes oder ein älteres Kind bedient sich vielleicht eines einfachen Satzes und sagt: „Keks haben." Ein Kind, das schon sicherer im Sprachgebrauch ist, könnte ein Gespräch beginnen und ganze Sätze formulieren wie „Kann ich einen Keks haben?"

- Ein Kind hat schon sehr früh Freude daran, mit einem Erwachsenen gemeinsam Bücher anzusehen. Im Laufe der Zeit ist es selbst in der Lage, ein Buch zu halten und die Seiten umzublättern, während ein Erwachsener vorliest. Später entdeckt es, dass Schrift eine Bedeutung hat, zeigt Interesse an den Wörtern. Es stimmt ein, wenn ihm Wörter oder Sätze vorgelesen werden, die im Text häufig vorkommen.

- Zunächst beginnt das Kind, Zeichen auf Papier zu malen. Diese Zeichen haben für das Kind eine Bedeutung (aber vielleicht nicht für Sie). Es lernt, einen Stift richtig zu halten und schreibt Briefe, die nicht unbedingt wie gewöhnliche Briefe aussehen. Mit der Einschulung sind einige Kinder in der Lage, ihren Namen oder sogar ein paar einfache Wörter zu schreiben wie „Mama" oder „Oma".

Zeit zum Vorlesen

Vorlesen ist eine der besten Möglichkeiten, ein Kind in seiner Entwicklung zu fördern. Die Vorschläge auf den nächsten beiden Seiten können Sie als Ideenliste für Eltern, aber auch als Anregung für Ihre eigene Arbeit im Kindergarten verstehen.

Wer?

Jeder kann Kindern Geschichten erzählen. Dazu braucht man keine besondere Ausbildung. Vielleicht stellen Sie überrascht fest, dass Sie es ebenso genießen wie das Kind. Also, warum nehmen Sie sich nicht ein Buch und fangen gleich damit an?

Wann und Wo?

Suchen Sie sich eine Tageszeit aus, die sowohl dem Kind als auch Ihnen passt und entwickeln Sie einen festen Ablauf für das Geschichtenerzählen. Viele Eltern wählen die Schlafenszeit, aber andere Zeiten passen vielleicht besser in Ihren Tagesablauf. Nach dem Mittagessen, beim Baden oder gleich nach dem Aufwachen – Sie brauchen sich nicht daran zu halten, sondern können immer, wenn Sie etwas freie Zeit haben, ein Geschichtenbuch zur Hand nehmen. Bücher lassen sich leicht herumtragen. Sie können in der Badewanne lesen, im Bus, oben auf einem Berg – Sie können überall lesen.

Warum?

Das Vorlesen und gemeinsame Erkunden von Geschichten hat viele Vorteile:

- Es hilft, die Lesefähigkeit des Kindes zu fördern.

- Ein Kind empfindet das Lesenlernen viel leichter, wenn es weiß, wie Bücher funktionieren, in welche Richtung man liest und blättert, was Buchdeckel und Inhaltsverzeichnis sind und was die Bilder mit den Texten zu tun haben.

- Das gemeinsame Lesen gibt Ihnen die Möglichkeit, dem Kind viele unterschiedliche Wörter nahezubringen.

- Die Geschichtenzeit ist eine wichtige Zeit zum Zusammensein. Sie gibt Ihnen die Möglichkeit, dem Kind Ihre volle Aufmerksamkeit zu widmen, ihm nahe zu sein und etwas mit ihm gemeinsam zu machen.

Geschichten vorlesen

- Beginnen Sie so bald wie möglich mit dem Vorlesen. Ein neugeborenes Kind hört gerne Ihre Stimme und erkennt bald häufig wiederkehrende Wörter und Strukturen.

- Sobald ein Kind anfängt zu krabbeln, sollten Sie zwei oder drei Bücher in ein niedriges Regal legen, sodass es sie herausnehmen kann, wann immer es will. Das bedeutet, dass es Bücher nicht nur mit

Ihnen gemeinsam ansieht, sondern anfangen kann, sie auch allein zu betrachten.

- Stellen Sie die Regel auf, dass die Geschichtenzeit eine ruhige Zeit ist, in der die Aufmerksamkeit auf das Buch und auf Ihr Vorlesen gerichtet ist. Wenn im Hintergrund der Fernseher oder Musik läuft, werden Sie und das Kind abgelenkt.

- Zeigen Sie beim Vorlesen von Zeit zu Zeit auf die Wörter. Das hilft dem Kind, zu begreifen, woher die Geschichte kommt und worum es beim Lesen geht.

- Wenn das Kind beginnt, Fragen zu stellen und Kommentare zu machen, reagieren Sie so häufig wie möglich darauf. Das Kind lernt eine ganze Menge, wenn es sich mit Ihnen unterhält und das gemeinsame Geschichtenlesen kann zu guten Gesprächen führen.

- Junge Kinder sind von Natur aus neugierig und wollen Fragen zu den Bildern, den Figuren und den Ereignissen in einer Geschichte stellen. Helfen Sie dem Kind, indem Sie es ermuntern, nicht nur auf die Worte zu hören, sondern sich die Bilder anzusehen und zu überlegen, was auf den Bildern zu sehen ist.

- Warten Sie, bis das Kind mit der Betrachtung des Bildes fertig ist, bevor Sie umblättern. Auf vielen Bildern gibt es viele Details zu entdecken und Bilder sind mindestens ebenso wichtig wie Texte.

- Zwingen Sie ein unruhiges und zappeliges Kind nicht zum Zuhören. Ein lebhaftes Kind lässt sich dadurch in eine Geschichte einbinden, wenn es sie teilweise szenisch darstellt. Stellen Sie ihm kleine Aufgaben wie „Kannst du deinen Rüssel schwenken wie der Elefant in der Geschichte?"

- Wenn Sie sich daran gewöhnt haben, laut zu lesen, können Sie mit Ihrer Stimme experimentieren. Das Kind wird begeistert sein, wenn Sie z.B. die Tiere auf dem Bauernhof nachmachen.

- Versuchen Sie immer, ein Buch bis zum Ende zu lesen, auch wenn Sie dafür Teile der Geschichte weglassen müssen. Kinder müssen lernen, dass eine Geschichte einen Schluss hat. Kinder lernen so, dass es sich lohnt, bis zum Schluss zuzuhören, denn nur so erfahren sie, wie die Geschichte endet.

- Versuchen Sie, nicht ungeduldig zu werden, wenn das Kind eine Geschichte immer wieder hören möchte. Kinder lernen durch Wiederholung.

- Machen Sie das Lesen zu einer Familiengewohnheit. Lassen Sie das Kind sehen, wie Sie lesen und es wird Ihr Verhalten imitieren.

- Beteiligen Sie das Kind an der Wahl der Bücher. Es wird bald Lieblingsbücher haben und die Geschichten umso mehr genießen.

- Seien Sie abenteuerlustig und probieren Sie neben dem bewährten Repertoire auch neue Bücher aus. Es ist wichtig, Kindern immer neue Leseerfahrungen zu bieten.

- Zeigen Sie dem Kind Bücher mit beweglichen Teilen oder Klappen zum Öffnen. Sie steigern das Gefühl der gespannten Vorfreude.

- Gehen Sie nie aus dem Haus, ohne ein Buch eingesteckt zu haben. Ein geliebtes Buch kann sehr nützlich sein, wenn Sie das Kind beschäftigen und ruhig halten müssen.

Geschichten verstehen

Je breiter die Palette der Geschichten ist, die Kinder hören und an denen sie sich beteiligen, desto eher begreifen sie, wie **Geschichten aufgebaut sind. Das macht es ihnen leichter, selbst Geschichten zu erfinden.**

Die Geschichten, die junge Kinder erzählen, sind zu Beginn sehr einfach und zeigen möglicherweise eine deutliche Ähnlichkeit mit einer Geschichte, die sie gehört haben. Es ist ein guter Einstieg; Sie sollte das Kind also dadurch ermutigen, dass Sie seinen Geschichten zuhören und ihm auch eigene Geschichten erzählen.

Versuchen Sie, viele unterschiedliche Geschichten für das Vorlesen zu wählen. Gehen Sie gemeinsam in die Bücherei, um neue auszusuchen.

Machen Sie beim Vorlesen immer wieder eine Pause und fragen Sie das Kind, wie die Geschichte weitergeht. Kann es den Fortgang der Geschichte erraten?

Wenn das Kind eine Geschichte besonders mag, lassen Sie es beim Erzählen mitmachen. Sie könnten damit beginnen, dass Sie das letzte Wort eines Satzes weglassen und das Kind es ergänzt. Bei Geschichten, die sich reimen, fällt es Kindern leichter.

Sehen Sie sich gemeinsam mit den Kindern den Bucheinband an und überlegen Sie, wovon die Geschichte handeln mag, bevor Sie anfangen, es zu lesen. Auf diese Weise wird das kindliche Vorstellungsvermögen gefördert.

Wählen Sie eine der Lieblingsgeschichten der Kinder aus und bitten Sie sie, Ihnen ein Bild vom Anfang der Geschichte, vom nächsten Ereignis und vom Schluss zu malen. Wenn die Kinder Spaß daran haben, spielen Sie mit den Bildern. Versuchen Sie, sie durcheinanderzubringen und von den Kindern in die richtige Reihenfolge legen zu lassen.

Geschichten erzählen

Geschichten zu erfinden oder zu erzählen ist immer eine gute Idee. Es ist egal, wer die Geschichte erzählt oder welche Geschichte **erzählt wird – sie erweitert den Wortschatz und fördert die Fantasie, sowohl bei Ihnen als auch beim Kind.**

Das Geschichtenerzählen ist eine angenehme Aktivität, die die Bindung zwischen Ihnen und den Kindern stärkt. Geschichten scheinen fortzuleben und Kinder oft für Jahre zu begleiten. Kinder lernen von Geschichten und merken dabei gar nicht, dass sie lernen und Informationen aufnehmen.

Das Geschichtenerzählen bietet einzigartige pädagogische Möglichkeiten, die sich sehr von denen des Fernsehens unterscheiden. Das Fernsehen bietet Unterhaltung für Augen und Ohren, doch das Geschichtenerzählen bringt Unterhaltung für Geist und Vorstellungsvermögen der Kinder. Sie haben dabei die Möglichkeit, zu entscheiden und sich vorzustellen, welche Farben, Größen, Formen und Klänge in einer Geschichte sind und bekommen diese Elemente nicht fertig präsentiert.

Geschichten zu erzählen ist ganz anders, als Bücher zu lesen. Weil Sie kein Buch halten müssen, können Sie die Hände frei bewegen. Sie können eine Geschichte während des Erzählens an die Interessen des Kindes anpassen – Sie können es sogar am Erzählen beteiligen, vielleicht indem Sie abwechselnd ein paar Worte oder Sätze sagen.

Es klingt entmutigend, doch es ist tatsächlich alles erlaubt! Wenn Sie sich nicht vorstellen können, eine eigene Geschichte von Anfang bis Ende zu erfinden, stützen Sie sich auf die Erinnerung an eine traditionelle Geschichte, etwa „Schneewittchen" oder „Die Prinzessin auf der Erbse" oder knüpfen Sie an vertraute Figuren aus Kinderreimen an. Welche Abenteuer könnten „Hänsel und Gretel" noch erleben? Wiederholung ist vor allem für sehr junge Kinder ganz wichtig, sodass Sie dieselbe Geschichte immer wieder erzählen können.

Für das Geschichtenerzählen gibt es keine Zeit, die gar nicht geeignet ist. Doch sollten Sie die ruhigen Tageszeiten auswählen, wenn die Kinder entspannt und aufnahmebereit sind, z.B. nach dem Essen, nach dem Mittagsschlaf oder zur Schlafenszeit. Sie können es auch bei hyperaktiven Kindern zur Entspannung vor dem Schlafengehen einsetzen oder als „Heilmittel" gegen Langeweile auf einer langen Reise.

Etwas mit „B"...

Geschichten erzählen

Tipps für Eltern:

Versuchen Sie bei Autofahrten, „Ich sehe was, was du nicht siehst" zu spielen, und verbinden Sie dann die „gesehenen" Gegenstände miteinander. Wenn dabei eine unsinnige Geschichte herauskommt – egal! Sollte Ihr Kind mit unsinnigen Sätzen Probleme haben, wird es Sie das bald wissen lassen und andere Wörter vorschlagen. Diese Geschichten führen meist zu viel Gelächter und sind wunderbar geeignet, die Fantasie zu beflügeln.

Tipps für Geschichtenerzähler

Wenn Sie eine Geschichte erzählen, sollten Sie ein paar Punkte berücksichtigen, um Ihre Erzählung wirklich lebendig werden zu lassen.

- Ihr Gesicht zeichnet die Illustrationen für die Geschichte; versuchen Sie also, es so viel wie möglich einzusetzen. Heben Sie die Augenbrauen und öffnen Sie die Augen – oder versuchen Sie, ein Auge zu schließen und durch das andere zu blinzeln! Ein Moment vor dem Spiegel mit einem imaginären Bonbon im Mund zeigt Ihnen, wie beweglich die Muskeln in Ihrem Gesicht sind!

- Die Art und Weise, wie wir unsere Stimme einsetzen, kann vor dem inneren Auge eines Kindes ein lebhaftes Bild entstehen lassen. Sie kann Figuren zum Leben erwecken und einen Ort kalt, windig und feucht erscheinen lassen. Experimentieren Sie mit
  - Lautstärke: vom Flüstern bis zum Schreien
  - Tonhöhe: von hoch bis tief
  - Abwandlungen: Lispeln oder Stottern

- Auch Hände, Arme und Schultern können sehr ausdrucksstark sein, selbst wenn man sie nur sparsam bewegt. Probieren Sie es aus.

Nutzen Sie Ihre Bibliothek

Das Bild einer düsteren alten Bibliothek mit einem Bibliothekar, der Kinder anweist, leise zu sein, gehört zum Glück der Vergangenheit an. Die Bibliotheken von heute sind lebhafte Orte, die ihre Leser willkommen heißen und eine Vielzahl von Medien bereithalten, die helfen, die Lese- und Lernkompetenzen der Kinder zu fördern.

Es gibt viele Gründe, weshalb ein Kind einen Leserausweis der Stadtbücherei bekommen sollte. Wie Forschungen ergeben haben, fällt es Kindern leichter, Lesen zu lernen, wenn sie früh an Bücher herangeführt wurden. Und außerdem hilft es dem Kind, Lese- und Lernkompetenzen zu entwickeln.

Das finden Sie in Ihrer Bibliothek

Materialien für Kinder unter 5

- Pappbücher für Babys
- Bilderbücher für Kinder aller Altersstufen
- Sachbücher, die Inhalte in leicht verständlicher Weise vorstellen
- Bücherlisten als Entscheidungshilfe
- Mitarbeiter, die sich mit Büchern, Lesen und kindlicher Entwicklung auskennen
- Hörbücher und Software zum Ausleihen
- Vorlesetermine und Aktivitäten für Kinder unter 5

- Bücher und andere Materialien zu Themen der kindlichen Entwicklung und Gesundheitspflege

Nicht in allen Bibliotheken finden Sie alle diese Angebote, doch es lohnt sich, herauszufinden, was die Bücherei in Ihrer Nachbarschaft zu bieten hat.

So nutzen Sie Ihre Bibliothek am besten

- Melden Sie das Kind als Leser an, so früh Sie wollen – es ist nie zu früh!

- Bringen Sie zur Anmeldung einen Ausweis mit.

- Seien Sie abenteuerlustig und suchen Sie sich unterschiedliche Bilderbücher und Bücher mit Geschichten und Gedichten aus, die Sie dem Kind vorlesen können.

- Lesen und betrachten Sie die Bücher mit Ihrem Kind gemeinsam – genießen Sie sie gemeinsam!

- Machen Sie sich keine Sorgen, falls ein Kind ein Buch beschädigt. Mitarbeiter einer Bibliothek wollen, dass ihre Bücher benutzt werden und reagieren normalerweise recht verständnisvoll auf versehentliche Beschädigungen.

- Vergessen Sie nicht, Ihre Bücher rechtzeitig zurückzugeben!

Gemeinsam Bücher basteln

Warum sollte man sich die Mühe machen, Bücher selbst zu basteln, wenn man sie im Buchladen in allen erdenklichen Formen und Größen bekommen kann? Es macht Spaß – und das Kind kann dabei eine Menge lernen.

 Bücher zu basteln ist sinnvoll, weil ...

- man dabei eine neue Fertigkeit lernt.

- es eine gute Gelegenheit ist, zusammen zu arbeiten.

- das Kind dabei lernen kann, wie man sich unterhält.

- auf diese Weise wichtige Fähigkeiten in verschiedenen Lernbereichen gefördert werden, z.B. mathematische, körperliche und sprachliche Fähigkeiten.

- es dem Kind hilft, zu erkennen, wie Bücher aufgebaut sind. Dabei wird es früh zum Lesen angeregt.

Suchen Sie sich einen ruhigen Ort.

 Das brauchen Sie:

einfache Bücher zum Anschauen, weißes DIN-A4-Papier, Kinderschere, Hefter, Bleistifte/Filzstifte zum Malen, kleine Kinderfotos oder ausgeschnittene Bilder von Lieblingssachen

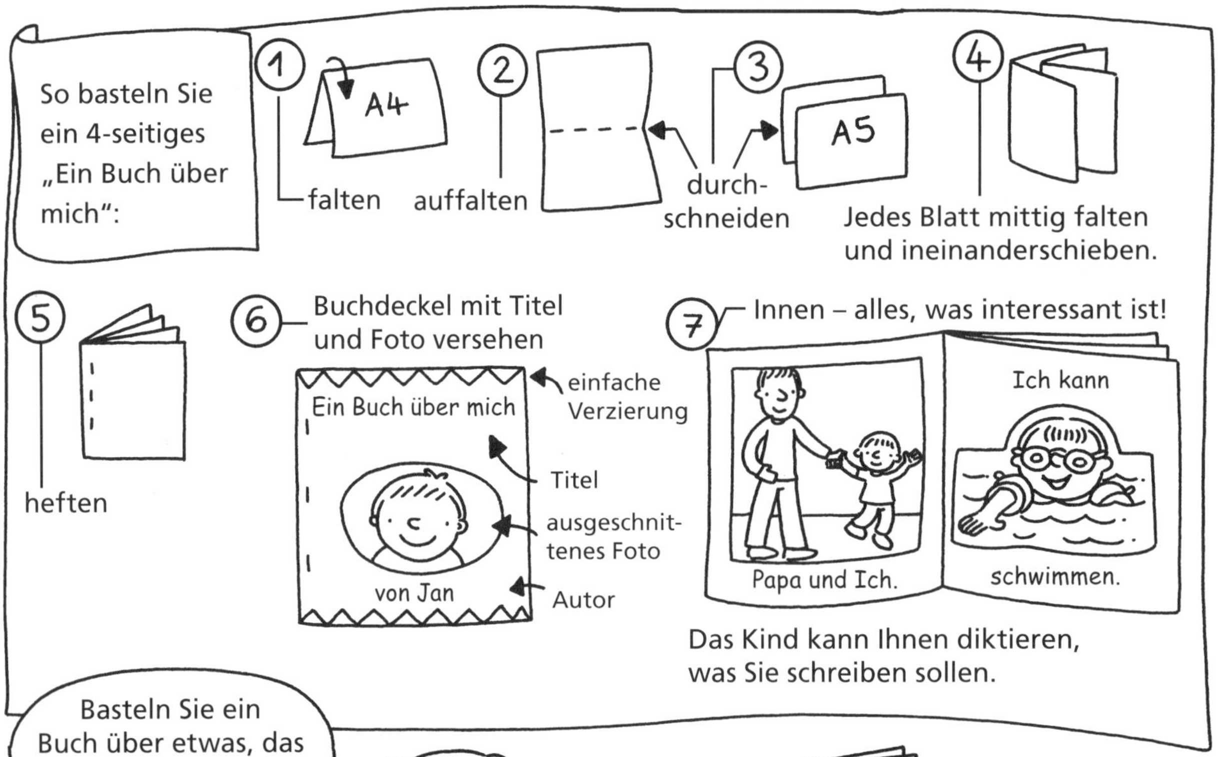

So basteln Sie ein 4-seitiges „Ein Buch über mich":

① A4 — falten auffalten
② durchschneiden
③ A5
④ Jedes Blatt mittig falten und ineinanderschieben.

⑤ heften

⑥ Buchdeckel mit Titel und Foto versehen

Ein Buch über mich
von Jan
— einfache Verzierung
— Titel
— ausgeschnittenes Foto
— Autor

⑦ Innen – alles, was interessant ist!

Papa und Ich.

Ich kann
schwimmen.

Das Kind kann Ihnen diktieren, was Sie schreiben sollen.

Basteln Sie ein Buch über etwas, das das Kind gerne mag!

Badezeit mit Nina

Den Falz nicht durchschneiden!

Zeichnen Sie einen Umriss auf das Deckblatt. Schneiden Sie alle vier Seiten auf einmal aus.

Namensspiele

Ein Kind sollte lernen, seinen Namen zu erkennen, denn das gibt ihm ein Gefühl von Identität. Wenn es zur Schule kommt, bekommt die Fähigkeit, den eigenen Namen in seiner geschriebenen Form zu erkennen, einen ganz neuen Stellenwert. Das Kind muss Schreibhefte, Butterbrotdosen, Turnbeutel, sein Fach oder seine Ablage finden. Hier sind ein paar hilfreiche Tipps für den Kindergarten und für zu Hause:

- Sprechen Sie mit dem Kind über seinen Namen und die Buchstaben, aus denen er besteht.

- Basteln und malen Sie gemeinsam ein schönes Namensschild für die Zimmertür, mit dem Namen als wichtigstem Element.

- Versehen Sie alle Besitztümer des Kindes oder Sachen, die es oft benutzt, mit einem Namensschildchen, z.B. eine Spielzeugkiste, ein Regal oder den Kleiderhaken.

- Versehen Sie die persönlichen Sachen des Kindes mit gut lesbaren Namensschildern.

- Machen Sie zusammen eine Collage mit dem Namen des Kindes, den Sie aus Buchstaben von Weihnachts- oder Geburtstagskarten zusammensetzen.

- Formen Sie Buchstaben aus Knete.

- Wenn Sie einkaufen gehen, suchen Sie gemeinsam nach Wörtern, die mit demselben Buchstaben beginnen wie der Name des Kindes.

- Basteln Sie ein kleines Buch mit Geschichten, ein Tagebuch oder ein Fotoalbum mit dem Namen des Kindes auf dem Einband. Notieren Sie unter jedem Foto oder Bild, was darauf zu sehen ist, z.B. Emily am Meer. Auf diese Weise können Sie ein Buch gestalten, an dem Sie beide Freude haben. Ermuntern Sie das Kind zu „lesen" und seinen Namen immer dann zu sagen, wenn er im Text vorkommt.

Was steckt in einem Namen?

- Zuerst sehen Kinder ihren Namen häufig als ein Bild und erinnern sich an die Form oder vielleicht nur den ersten Buchstaben. Es ist nicht ungewöhnlich, wenn Kinder glauben, dass der erste (Groß-) Buchstabe den ganzen Namen darstellt. Wenn also ein Mädchen mit dem Namen Emily ein großes E sieht, sagt es vielleicht: „Das bin ich!" oder „Das ist Emily!" Für das Kind steht der eine Buchstabe für den ganzen Namen und beim Schreiben wird es ihn immer und immer wiederholen. Vielleicht kann es ihn von anderen Großbuchstaben unterscheiden, z.B. vom ersten Buchstaben des Namens anderer Kinder.

- Ein Kind, das beginnt, die Schrift zu entdecken oder die Buchstaben des Alphabets sieht, sagt möglicherweise: „Der ist in meinem Namen." Auf diese Weise entwickeln Kinder ein Verständnis der geschriebenen Sprache. Schließlich beginnen sie zu begreifen, dass ein Wort aus mehr als einem Element besteht. Sie verstehen, dass sich ein Wort aus Buchstaben zusammensetzt. Sobald sie anfangen, zwischen Buchstaben zu unterscheiden, können sie nach und nach die anderen Buchstaben eines Namens in ihrer Reihenfolge erkennen, vor allem bei kurzen Namen.

- Bevor Sie Kinder auffordern, ihren Namen zu schreiben, sollten Sie sich immer vergewissern, dass sie ihn auch erkennen. Diese Fähigkeit bildet die Grundlage des Schreibens.

Zuhören lernen

Durch Sprechen und Zuhören gelingt es dem Kind, andere bewusst wahrzunehmen und die eigene Fantasie zu entfalten.

Wenn Sie dem Kind helfen wollen, ein guter Zuhörer zu werden, brauchen Sie kein aufwändiges Material!

Spielen Sie das folgende Spiel einfach mit Bausteinen oder verwenden Sie den Inhalt eines Küchenschranks!

 ## So geht es:

- Setzen Sie sich mit dem Kind nahe an die Kiste mit Bausteinen. Stellen Sie einen Sichtschutz zwischen sich auf – ein Stuhl mit einem Handtuch darüber tut es auch.

- Geben Sie dem Kind jeweils eine leicht verständliche Anweisung, z.B. „Stelle einen roten Bauklotz vor dich hin", dann „Stelle einen gelben Bauklotz neben den roten" usw.

- Fügen Sie immer weitere Anweisungen hinzu. Benutzen Sie dabei Wörter wie „vor", „hinter", „neben" usw.

- Wenn Sie auf Ihrer Seite des Sichtschutzes die Bauklötze auch mit aufbauen, können Sie zum Schluss vergleichen, ob die Klötze des Kindes an den richtigen Stellen stehen. Geben Sie dem Kind Zeit zu reagieren und loben Sie seine Bemühungen. Denken Sie daran, dass das Kind auch Fehler machen darf! Dies ist keine Lernaufgabe, sondern ein Spiel, das Spaß machen soll!

 ## Variation

- Sie können sich abwechseln und das Kind die Anleitungen geben lassen. Einem älteren Kind können Sie gleich zwei oder drei Anweisungen auf einmal geben, um so sein Erinnerungs- und Konzentrationsvermögen zu fördern.

- Bauen Sie ein einfaches Gebilde aus Bausteinen und verstecken Sie es unter einem Tuch. Geben Sie dem Kind ein paar Bausteine der gleichen Sorte und leiten Sie es an, wie es das Gebilde herstellen soll. Geben Sie viele Hinweise und lassen Sie es „Fehler" machen. Besprechen und vergleichen Sie das Ergebnis.

Was steckt in einem Namen?

Wenn Kinder beginnen, ein Bewusstsein für Wörter und Buchstaben zu entwickeln, fangen sie an, sie in ihrer Umgebung zu entdecken. Nutzen Sie dieses Interesse und überlegen Sie mit den Kindern, warum wir Schrift gebrauchen. Versuchen Sie doch einmal, eine eigene Einkaufsstraße zu gestalten.

Besuchen Sie mit den Kindern die nächste Stadt oder Einkaufsstraße und sehen Sie sich an, welche Geschäfte es dort gibt. Sehen Sie sich die Namen der Geschäfte an. (Manche Geschäftsnamen sind witzig, etwa „Der schöne Schein" für ein Lampengeschäft oder „Hin und weg" für ein Reisebüro.)

Lesen Sie den Kindern die Namen vor, aber beobachten Sie auch, ob ein Kind vielleicht den ersten Buchstaben erkennen kann. Wenn Sie wieder im Kindergarten sind, zeichnen Sie eine Häuserzeile mit Geschäften auf ein langes Stück Papier. (Etwa ein 1 m großes Stück von einer alten Tapetenrolle.)

Zeichnen Sie jedes Geschäft mit einem Fenster und einem Schild. Lassen Sie die Kinder entscheiden, was in den Geschäften verkauft wird und malen Sie die Auslage in die Fenster. Dann überlegen Sie gemeinsam, welche Namen die Geschäfte bekommen sollen. Schreiben Sie die Namen auf die Schilder.

Wörter und Bilder

Die meisten Kinder im Kindergarten können zwar noch nicht lesen. Aber den Firmennamen ihrer Lieblingsspielzeuge und die Logos bekannter Automarken erkennen einige Kinder bestimmt!

Zur schriftsprachlichen Kompetenz gehört eine ganze Bandbreite an Fähigkeiten, die mit Sprechen, Zuhören, Lesen und Schreiben zu tun haben. Sie helfen dem Kind sehr, wenn Sie einfach mit ihm reden, sich mit ihm über Gefühle unterhalten, ihn mit neuen Wörtern vertraut machen, es nach seiner Meinung fragen – und zuhören, was es zu sagen hat.

Vielleicht ist das Kind noch nicht so weit, dass es mit dem Lesenlernen anfangen könnte. Doch es beginnt zu begreifen, dass das geschriebene Wort etwas bedeutet. Nutzen Sie jede Gelegenheit, in Ihrer alltäglichen Umgebung Möglichkeiten zu finden, wie Sie das wachsende Bewusstsein für Sprache und Schrift weiter fördern können.

Sehen Sie sich nach Wörtern und Schildern um. Sprechen Sie mit dem Kind darüber, was sie bedeuten und dass wir manchmal Wörter auf Schilder schreiben und manchmal Bilder darauf malen. Hier sind ein paar Ideen, die Sie unterwegs aufgreifen können:

- Sie können auf Straßennamen, Namen von Geschäften, Hinweise an Bushaltestellen oder Bahnhöfen, Verkehrszeichen oder Autobahnschilder achten.

- Sehen Sie sich an, mit welchem Laut ein Wort beginnt und ermuntern Sie das Kind, sich nach diesem Laut umzuhören. Spielen Sie Spiele, bei denen Sie Reimwörter zu den Wörtern finden, die es gelesen hat.

Autokennzeichen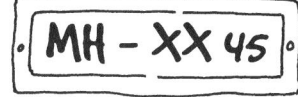

Verkehrszeichen
Überlegen Sie
gemeinsam,
was sie wohl
bedeuten.

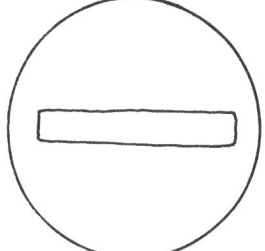  

**Wörter auf
Fahrzeuge**

Redezeit

Die meisten Kinder brauchen keine Ermutigung, wenn es ums Reden geht – sie reden mit Ihnen, mit anderen Kindern und sogar mit sich selbst! Sie können Kindern jedoch bei ihrer sprachlichen Entwicklung helfen, indem Sie sie zum Nachdenken über die Wörter anregen, die sie benutzen, und ihnen neue Wörter nahebringen.

Die Fähigkeit, Ähnlichkeiten und Unterschiede zwischen Dingen zu erkennen, ist sehr wichtig für junge Kinder, denn sie stellt die Grundlage für das Lesen- und Schreibenlernen dar. Hier stellen wir Ihnen ein paar Spiele vor, mit denen Sie dem Kind helfen können, diese Fähigkeit zu entwickeln.

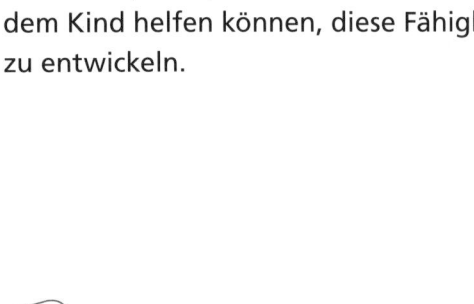

Menschen-Puzzles

Schneiden Sie Bilder von Menschen aus alten Katalogen oder Zeitschriften aus. Die Größenverhältnisse müssen stimmen, ein Bild von einem Kind darf also nicht größer sein als das von einem Erwachsenen. Kleben Sie die Bilder auf Pappe und schneiden Sie jedes Bild in zwei oder drei Teile. Legen Sie zwei oder drei zerschnittene Exemplare in eine Kiste und lassen Sie das Kind die Bilder wieder zusammensetzen. (Zu viele Bilder auf einmal könnten das Kind verwirren. Warten Sie damit, bis es ein bisschen Übung hat.) Sprechen Sie mit dem Kind über das, was es tut, während es die Bilder zusammenzusetzen versucht. Zu wem gehört wohl dieser Kopf? Was meinst du: Sind das Männerbeine oder Frauenbeine? Wer hat einen roten Pullover an? Wenn die Bilder fertig zusammengesetzt sind, sprechen Sie über das Aussehen der Menschen – über ihre Haarfarbe, die Augenfarbe, über ihre Kleidung. Wo lassen sich Ähnlichkeiten erkennen? Wo gibt es Unterschiede? Vergleichen Sie die Menschen nach ihrer Größe und lassen Sie das Kind ausprobieren, ob es sie vom Kleinsten zum Größten oder umgekehrt anordnen kann. Auf diese Weise können Kinder sehr leicht Ähnlichkeiten und Unterschiede zwischen Menschen erkennen.

Personalausweis betrachten:

Geben Sie dem Kind Ihren Pass. Erklären Sie, dass das Passfoto und die Personenbeschreibung anderen Menschen sagen, wer wir sind. In jedem Pass stehen der Name, Geburtsort und -datum, ein Foto, die Unterschrift und die Beschreibung von besonderen Merkmalen. Menschen ähneln und unterscheiden sich in verschiedenen Punkten – eine Tatsache, die hervorgehoben werden sollte. Lassen Sie die Kinder einen Pass für sich selbst basteln.

Schreibanfänge

Eltern und Erzieher sind die ersten und wichtigsten Lehrer eines Kindes. Sie können ihm zu Hause oder im Kindergarten helfen, schreiben zu lernen.

 ## So entwickeln Sie die Schreibfähigkeit eines Kindes:

■ Sprechen Sie mit dem Kind, während Sie schreiben. Kinder brauchen Gelegenheiten, Erwachsenen beim Schreiben zu-zusehen und mit ihnen zu reden. So verstehen sie, warum man schreibt, wie Geschriebenes aussieht und was mit geschriebenen Texten oder Listen passiert.

■ Geben Sie dem Kind die Möglichkeit, sich an täglichen Schreibanlässen zu beteiligen. Lassen Sie das Kind sehen, wie Sie schreiben und lassen Sie es dabei sein, während Sie schreiben. Bei den Schreibanlässen kann es sich um Ein-kaufslisten, Grüße am Ende eines Briefes, Geburtstagskar-ten, Einladungen oder Telefonnachrichten handeln.

■ Lassen Sie das Kind unbefangen mit unterschiedlichen Materialien experimentieren und darauf kritzeln: auf verschiedenen Papiersorten, dicken und dünnen Farb-stiften, Bleistiften und Filzstiften.

■ Sehr junge Kinder greifen einen Bleistift mit der ganzen Faust (als hielten sie einen Dolch) und gewöhnen sich all-mählich an, Schreibgeräte auf konventionellere Weise zu halten. Zeigen Sie dem Kind, wie man einen Stift hält und helfen Sie ihm dabei, einen Stift so zu halten. Sie sollten es jedoch nicht dazu zwingen.

■ Bei kleinen Kindern kann es vorkommen, dass sie sich nicht sicher sind, mit welcher Hand sie schreiben möchten und wechseln eine Zeitlang von rechts nach links. Nach einiger Zeit zeigen sie jedoch eine Vorliebe für eine Hand und benutzen sie ausschließlich.

■ Lassen Sie sich vom Kind erzählen, was es schreibt. Für wen schreibt es? Wenn es eine Geschichte ist, stellen Sie Fragen: „Wer kommt darin vor?", „Was passiert als Nächstes?", „Wie geht die Geschichte aus?"

■ Manchmal können Sie für das Kind schreiben. Lassen Sie sich Geschichten, Briefe, Karten oder Listen diktieren.

Schreibanfänge

■ Warum geben Sie dem Kind nicht ein Album, in dem es Geschriebenes und Bilder sammeln kann. Vielleicht macht es Ihnen und dem Kind später Spaß, diese Alben durchzublättern und darüber zu sprechen. Sie bieten einen interessanten Überblick darüber, wie sich das Verständnis von Schrift beim Kind entwickelt hat.

■ Zeigen Sie dem Kind, dass Sie seine Schreibversuche zu schätzen wissen. Hängen Sie Geschriebenes an die Wand wie ein Bild.

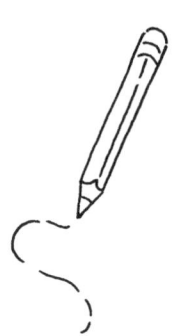

■ Loben Sie Schreibversuche des Kindes und gehen Sie sorgsam damit um, erwarten Sie aber nicht, dass seine Schrift wie die von Erwachsenen aussieht. Mischen Sie sich nicht ein! Lassen Sie das Kind experimentieren. Dies ist ein Entwicklungsstadium – drängen Sie das Kind nicht.

■ Lassen Sie das Kind mit Spielsachen zum Schreiben spielen, z.B. Magnetbuchstaben, Zaubertafel, Kinderdruckerei, Tafel und Kreide, Kinderpost usw.

■ Denken Sie daran: Das Geheimnis, wie Sie aus dem Kind einen lebenslangen Leser und Schreiber machen, liegt darin, dass Sie mit ihm lesen und schreiben, mit Freude, nicht mit Druck!

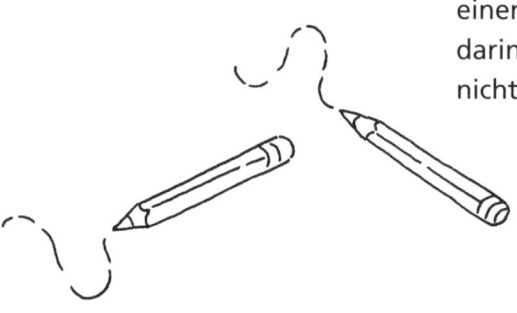

Die Entwicklung der Schrift:

1. malen
2. kritzeln
   - willkürlich
   - kontrolliert
3. Buchstabenähnliche Formen
4. Buchstaben
   - willkürlich
   - einem Muster folgend
5. eigenmächtige Rechtschreibung
6. konventionelles Schreibalter

Alter: 2–3 Jahre

Alter: 8–9 Jahre

„Ich kann schreiben wie Mama"

Gestalten Sie selbst eine Postkarte wie unten und lassen Sie das Kind an einen tatsächlichen oder einen imaginären Freund schreiben. Die Vorderseite der Postkarte kann es selbst mit einem Bild verzieren.

Wenn ein Kind Schrift zum ersten Mal bewusst wahrnimmt, geschieht es sicherlich, weil es Sie oder andere Erwachsene bei Ihren alltäglichen Aktivitäten beobachtet, z.B. wenn Sie ein Formular ausfüllen oder Briefe schreiben. Kinder sind fasziniert von diesen Tätigkeiten und wollen sie schon bald nachahmen. Dies ist eine wichtige Phase in ihrer Entwicklung und sollte auf jeden Fall unterstützt werden, denn es sind die ersten Schritte eines zukünftigen Schreibers.

Zunächst ist das Schreiben der Kinder eine Art Kritzelei, denn als solche sehen sie Ihre Schrift. Mit Lob und Ermutigung werden ihre Imitationen von Schrift komplexer und es erscheinen Symbole wie Formen, Buchstaben und Zahlen.

Sobald ein Kind lernt, seinen Namen zu schreiben, wird es ihn und die darin enthaltenen Buchstaben überall einfließen lassen. Wenn das Kind zur Schule kommt und das Alphabet und die dazugehörigen Laute kennenlernt, wird es in der Lage sein, einfache Wörter zu schreiben.

Möchten Sie, dass das Kind gerne schreibt und ihm das Schreibenlernen Spaß macht, sollten Sie positiv auf alles reagieren, was es produziert – es gibt nichts Entmutigenderes als das Gefühl, immer alles falsch zu machen.

Regen Sie das Kind an, in allen Situationen zu schreiben – wenn es spielt, Einkaufslisten schreibt, leere Vordrucke ausfüllt, Rezepte notiert – was immer ihm in den Sinn kommt!

Versuchen Sie, immer geeignete Schreibmaterialien zur Verfügung zu stellen, sodass das Kind jederzeit darauf zugreifen kann. Beantworten Sie seine Fragen und gehen Sie mit gutem Beispiel voran, indem sie ihm z.B. zeigen, was Sie schreiben und warum Sie schreiben.

Liebe _____

Alles Gute von

Nützliche Materialien:

- Stifte
- Papier (alle Größen)
- Notizblöcke
- Bleistifte
- alte Kalender
- Schere
- Radiergummis
- Lineale
- Locher
- Hefter
- leere Vordrucke (von der Bank oder der Post)
- Umschläge
- Bleistiftspitzer
- selbstklebendes Papier

Ein Sammelalbum basteln

Hatten Sie ein Sammelalbum, als Sie jung waren? Solche Alben sind ziemlich preiswert, Sie können aber auch ein paar Blätter falten und selbst eins basteln. Auf diese Weise können Sie ein Kind leicht zu ersten Schreibversuchen ermutigen.

Kinder können alles ausschneiden und in ein Album kleben. Es lässt sich aber auch viel dabei lernen, wenn Sie sich mit ihnen über die Bilder unterhalten, ihnen mit Schere und Kleber helfen und sie ermuntern, zu schreiben.

 ## Was können Sie tun?

Sammeln Sie alte Geburtstagskarten, Weihnachts- oder andere Grußkarten, entwertete Briefmarken, Comics. Zeitschriften oder Kataloge, Postkarten oder auch alte Fotos oder Abzüge von Fotos.

Fragen Sie das Kind, was es in sein Album kleben möchte. Vielleicht möchte es eine Geschichte erfinden oder eine Kunstausstellung aus alten Karten zusammenstellen? Vielleicht möchte es ein Buch über Dinosaurier oder über Lieblingsfiguren machen? Natürlich kann es auch einfach Bilder, die ihm besonders gefallen, ausschneiden und in das Buch kleben.

Egal, was das Kind aussucht: Vergessen Sie nicht, ihm zu jeder Seite Fragen zu stellen. Regen Sie an, dass es jede Seite mit einer Überschrift oder mit Bildunterschriften versieht. Wenn es dies in seiner eigenen Schrift tun will, ist das in Ordnung, doch vielleicht möchte es, dass Sie ihm helfen, indem Sie Wörter aufschreiben, die es abschreiben kann oder einige Seiten selbst beschriften. Beachten Sie dabei: Schreiben kann für junge Kinder ziemlich ermüdend sein!

Sie sollten nicht das Gefühl haben, dass Sie das Album schnell fertig bekommen müssen. Das Gute an Sammelalben ist, dass man über einen langen Zeitraum hinweg immer wieder etwas hinzufügen kann. Lassen Sie Kinder Souvenirs für ihr Album sammeln, wenn Sie einen Ausflug machen oder eine Reise unternehmen. Zu Hause können die Kinder Fahrkarten, Eintrittskarten, Broschüren, Briefmarken und sogar ausländische Münzen in ihr Album kleben und ihre schönsten Erinnerungen an die Reise notieren.

 ## Tipp

Auch wenn er etwas schmieriger ist als Klebestifte, sollten Sie versuchen, Buchbinderleim zu verwenden. Er ist viel besser geeignet.

Helfen Sie dem Kind zu denken

Es passiert leicht, dass man zu viel für Kinder tut. Wenn Sie sich wünschen, dass sie als Menschen aufwachsen, die etwas durchdenken und Probleme lösen können, dann sollten Sie sie auch ermuntern, genau das zu tun. Hier sind ein paar einfache Tipps, wie Sie ein Kind zum Nachdenken bringen können.

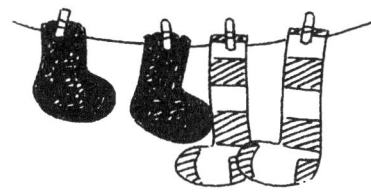

Reden Sie über alles!
Reden Sie miteinander, wenn Sie gemeinsam etwas unternehmen – spazieren gehen, den Tisch decken, einkaufen, ein Geschenk aussuchen, nach besonderen Autos Ausschau halten oder den Wechsel der Jahreszeiten beobachten.

Zählen Sie alles!
Dosen im Schrank, Packungen im Regal, Kekse zum Tee, Messer und Gabeln, Socken auf der Wäscheleine …

Versuchen Sie, die folgende Formulierung zu benutzen:
Stopp! Lass mich nachdenken!

Wichtige Formulierungen
Was meinst du? Was würdest du machen? Wie könnten wir …? Gibt es eine bessere Möglichkeit? Könnten wir etwas daran ändern? Was würde passieren, wenn …?

Nehmen Sie Ihre Umgebung wahr!
Sprechen Sie über Farben, Formen, Größen, Klänge, Geschmacksrichtungen, Beschaffenheit, Materialien.

Zeigen Sie, wie Dinge funktionieren!
Nehmen Sie Dinge auseinander, bauen Sie sie wieder zusammen, kochen Sie gemeinsam, malen Sie gemeinsam, räumen Sie zusammen auf.

Verwenden Sie diese Fragewörter! Wann? Wie? Was? Wo? Warum?

Es ist keine Frage des Geldes! Das Wertvollste sind Zeit und Gespräche!

Helfen Sie dem Kind zu denken

Richten Sie eine Kostümkiste ein!
Spielen, sich etwas vorstellen, erfinden,
erschaffen, neu entwerfen, neu bauen.

Loben Sie die Kinder, wenn sie etwas gut machen!
Halten Sie Aufklebesterne, Punkte für gutes Benehmen,
rote und grüne Lichter oder Flaggen für „Stopp!" und
„Los!" bereit.

Vergleichen Sie alles!
Ist es größer, kleiner, breiter, schmaler,
dicker, dünner, schwerer, leichter?

Sammeln Sie eine Schatzkiste zusammen! Sammeln
Sie Sachen zum Basteln und Malen – Glanzpapier, buntes
Allerlei, kleine und große Schachteln, Aufkleber, Bänder,
Knöpfe und Schleifen, interessante Abfälle.

Messen Sie alles! Wie lang? Wie breit?
Wie dick? Wie groß? Wie tief?

Disziplin und Fairness
Legen Sie Grundregeln fest, sprechen Sie
über Probleme, diskutieren Sie Sachen
aus, haben Sie keine Angst vor fairen
Bestrafungen.

Sagen Sie, wo Sachen sind!
Hinter, vor, auf dem Kopf, rückwärts,
über, unter.

Mathematische Grunderfahrung

Bei Mathematik im Elementarbereich geht es darum, Kinder zum Gebrauch von Zahlen zu ermutigen – als Symbole, zum Zählen und Rechnen. Kinder brauchen Hilfe, um einen mathematischen Wortschatz wie „größer" oder „kleiner" aufzubauen, mit dem sich Mengen und Formen vergleichen lassen.

- Ein Kind wird von klein an Spaß an Zahlenreimen und -liedern haben. Später sagt es Zahlennamen und versucht, zu zählen. Dabei kann es vorkommen, dass es die Reihenfolge durcheinanderbringt oder Zahlen auslässt. Dann heißt es vielleicht: „Eins, zwei, drei, vier, fünf, sechs, acht, zehn." Am Ende der Kindergartenzeit sind die meisten Kinder in der Lage, bis zu zehn Alltagsgegenstände sicher zu zählen und in bekannten Zusammenhängen Zahlennamen zu nennen und anzuwenden, z.B. wenn sie die Kerzen auf ihrer Geburtstagstorte zählen oder ihre Hausnummer erkennen.

- Als Erstes wird ein Kind Spaß am Spiel mit Formen haben und z.B. Formen sortieren. Ältere Kinder sind in der Lage, über die Form von Alltagsgegenständen zu sprechen. So sagen sie bei einem Keks vielleicht: „Das ist ein Kreis."

- Junge Kinder fädeln gerne Perlen auf oder malen mit Fingerfarben willkürliche Formen. Im nächsten Schritt versuchen sie, Muster zu kopieren und fortzusetzen, z.B.: „Rot, blau, rot, blau – was kommt als Nächstes? Ja, rot." Ältere Kinder machen kompliziertere Muster und erkennen Muster in Zahlen.

Was wir mit Zahlen meinen

Sie können einem Kind bei seiner mathematischen Entwicklung helfen, indem Sie ihm nicht nur das Zählen beibringen, sondern Wörter benutzen, die mit Größe, Vergleichen und Messen zu tun haben.

Zahlen sind ein Teil der Alltagssprache; wir benutzen sie nicht nur zum Zählen. Wenn Sie dem Kind helfen wollen, diese Idee in seinen wichtigen ersten Jahren zu begreifen, ist es ganz wesentlich, diesen Punkt zu verstehen.

Es ist durchaus nicht ungewöhnlich, dass ein vierjähriges Kind lesen und bis 100 zählen kann. Was man in diesem Stadium leicht übersieht, ist die Tatsache, dass es die Wörter ebenso wenig versteht wie die Zahlen. Solange sich sein Erfahrungshorizont nicht entsprechend erweitert hat, weiß es einfach nicht, was sie bedeuten.

Zahlen sind etwas Abstraktes. „Zwei" kann nicht losgelöst existieren, es müssen zwei von irgendetwas sein. Für ein Kind ist das nicht leicht zu verstehen. Es ist wichtig, dass Sie das Kind in diesem Punkt unterstützen, indem Sie ihm nicht nur die Zählfertigkeit vermitteln (Pusteblumen wegblasen, Fingerreime, Lieder mit Wiederholungen), sondern ihm auch den mathematischen Wortschatz nahebringen. Je eher ein Kind dieses Vokabular versteht, desto leichter fällt ihm später der Umgang mit Zahlen.

Zum mathematischen Wortschatz gehören Wörter wie „groß, klein, niedrig, dick, dünn, hoch, höher, am höchsten". Es sind alltägliche Wörter; sie werden als mathematisches Vokabular bezeichnet, weil es bei ihnen immer um irgendeine Art von Messung oder Vergleich geht.

Die beste Hilfe, die Sie dem Kind geben können, besteht darin, diese Wörter bei jeder sich bietenden Gelegenheit zu benutzen. Es ist überraschend, wie oft sich eine solche Gelegenheit auftut. Beim Tischdecken kann man z.B. zählen und Vergleiche anstellen, um so sicherzugehen, dass jeder ein passendes Gedeck bekommt. Diese praktischen Aktivitäten machen es dem Kind möglich, die notwendigen Verbindungen zwischen Zahlen als abstrakter Idee und Zahlen in ihrer Anwendung im Alltag zu erfassen.

Sie sind in der denkbar besten Lage, sich diese natürlichen Lernmöglichkeiten zunutze zu machen und mathematisches Vokabular und praktische Beispiele so einzusetzen, dass das Kind sicher mit ihnen umgehen kann.

Zu Hause zählen

Kinder brauchen praktische Erfahrungen mit Mathematik, bevor sie wirklich verstehen können, was mit „drei Tassen" oder „fünf Bleistiften" gemeint ist. Das ist nicht so schwierig, wie es sich anhört. Alltägliche Abläufe bieten viele verschiedene Situationen, in denen Sie mit dem Kind gemeinsam Zahlen erkunden können. Hier eine Ideenliste für Eltern, die sich leicht auch auf den Kindergartenalltag übertragen lässt.

 ## Mahlzeiten

Warum nicht gemeinsam den Tisch decken und dabei Fragen stellen? „Wer wird heute zum Abendessen da sein?" oder „Wie viele Löffel brauchen wir?" Zählen Sie gemeinsam mit, während Ihr Kind die Löffel auf den Tisch legt. Wiederholen Sie die Zahlenfolge mit Messern und Gabeln und anderen Gegenständen, bis der Tisch fertig gedeckt ist.

 ## Zahlen suchen

Bei einem Spaziergang oder einer Fahrt in die Stadt können Sie „Such die Zahl!" spielen: auf Bussen, Häusern, Autos und Anzeigetafeln. Dieses Spiel lässt sich auch zu Hause spielen, wo Fernbedienungen, Telefone und Uhren jede Menge Zahlen bereithalten.

 ## In der Küche

Backen Sie mit Ihrem Kind, wählen Sie ein Rezept aus einem Kochbuch und lesen Sie die benötigte Menge für jede Zutat vor. Achten Sie auf Zahlen im Rezept und an der Waage. Lassen Sie Ihr Kind zählen, wenn es löffelweise Mehl von der Waage in die Schüssel gibt.

 ## Zählspiele

Kleine Gegenstände wie Knöpfe, Muscheln oder Kastanien in leere Margarinedosen zu sortieren und nachzuzählen, kann viel Spaß machen. Variieren Sie das Spiel, indem Sie die Zahlen eins bis fünf auf kleine Zettel schreiben und auf fünf Margarinedosen verteilen. Zählen Sie die entsprechende Anzahl an Gegenständen in die Dosen ab. Mit größeren Kartons und Spielsachen können Sie das Spiel einsetzen, um das Kind zum Aufräumen anzuregen!

> Wenn Sie das Zahlenlernen mit Aktivitäten verknüpfen, die dem Kind Spaß machen, können Sie sicher sein, dass das Kind das Zählen besser versteht.

 # Eine Zahlenbordüre basteln

Eine Zahlenbordüre mit der entsprechenden Anzahl von abgebildeten Gegenständen kann ein sinnvoller Lernhelfer von Zahlen und ihrer Mengeneigenschaften sein. Basteln Sie eine lustige Bordüre mit den Kindern. Sie werden begeistert sein!

 Das brauchen Sie:

10 Pappstücke
Farbe oder dicke Filzstifte
Schere
Klebstoff
Klebeband
Zeitschriften, Kataloge oder Geschenkpapier mit beliebten Figuren oder Dingen, die die Kinder interessieren (Prinzessinnen, Tiere, Dinosaurier)

 So geht es:

Helfen Sie den Kindern, auf jedes Pappstück eine Zahl von eins bis zehn zu schreiben. Nehmen Sie die einzelnen Zahlenkarten und suchen Sie die entsprechende Anzahl von Figuren oder anderen Abbildungen auf dem Geschenkpapier, z.B. eine Krone, zwei Dinosaurier, drei Katzen usw.
Helfen Sie den Kindern, die Bilder auszuschneiden und kleben Sie sie auf die entsprechenden Zahlenkarten.
Kleben Sie die Karten in der richtigen Reihenfolge mit Klebeband aneinander.
Nun ist die Bordüre fertig und kann aufgehängt werden.

Sie können den Kindern Fragen zu der Zahlenreihe stellen:

- Wie viele …?
- Sind hier mehr … oder weniger?
- In der Reihe sind auf einer Karte sechs Sachen zu sehen. Kannst du mir sagen, welche Sachen es sind?
- Welche Zahl kommt nach der 3?

Welche Zahl kommt nach der 3?

Glück im Kartenspiel

Spiele mit Würfeln oder Karten sind gut geeignet, Kindern das Zählenlernen von eins bis zehn zu erleichtern und sie machen viel Spaß. Es gibt viele gute Spiele zu kaufen, doch wenn Sie ein einfaches Kartenspiel nehmen, können Sie sich selbst ein Spiel basteln, mit dem Sie das Zahlverständnis des Kindes fördern können.

 Paare finden

Sortieren Sie die Könige, Damen und Buben aus dem Kartenspiel aus. Mischen Sie und teilen Sie an jeden Mitspieler sechs Karten aus. Legen Sie die restlichen Karten verdeckt auf einen Stapel.

Der erste Spieler nimmt sich die oberste Karte vom Stapel und sieht sich seine sieben Karten an: Hat er ein Paar (zwei Karten mit derselben Zahl)? Wenn ja, legt er das Paar aufgedeckt vor sich auf den Tisch. Danach wählt er aus seinen restlichen Karten eine aus, die er abwirft, indem er sie aufgedeckt neben den Kartenstapel legt. Jeder Spieler muss eine Karte abwerfen, auch wenn er kein Kartenpaar bilden kann. Der nächste Spieler kann sich aussuchen, ob er eine Karte vom Kartenstapel oder die oberste der abgeworfenen Karten nimmt. Auch er überprüft seine Karten nach einem Paar.

Die Spieler können immer nur ein Paar auf den Tisch legen, wenn sie an der Reihe sind. Der erste, der drei Paare bilden kann, gewinnt.

Und das können Kinder bei diesem Spiel lernen:

Kinder lernen, die Zahlen zu erkennen und in verschiedenen Spielsituationen zu zählen. Sie entwickeln auf diese Weise ein Verständnis für Zahlenwerte und gewinnen an Sicherheit im Umgang mit Zahlen. Wenn sie später in der Schule mathematische Fähigkeiten erwerben sollen, werden ihnen diese Kenntnisse zugutekommen.

Lok und Anhänger

Werfen Sie keine alten Eierkartons weg – aus ihnen lässt sich ein wertvolles mathematisches Spielzeug herstellen!

Aus einem geschlossenen Eierkarton mit einer Pappröhre als Schornstein und mehreren offenen Eierkartons können Sie einen Zug basteln, dessen Reise für jede Menge Spaß und Spiele sorgt. Außerdem ermuntert er das Kind, von eins bis zehn zu zählen und diese Zahlen zu erkennen.

- Setzen Sie kleine Spielfiguren als Passagiere in die Anhänger und lassen Sie das Kind nachzählen, wie viele es insgesamt sind.

- Lassen Sie das Kind ein paar Spielsachen in die Anhänger setzen und nachzählen. (Fordern Sie das Kind auf, die Sachen beim Zählen zu berühren.)

- Gehen Sie einen Schritt weiter und überlegen Sie mit dem Kind, in welchem Anhänger die wenigsten/die meisten Passagiere sitzen. Wie viele sollten wir noch in diesen Anhänger setzen, damit er voll wird?

- Schreiben Sie die Zahlen von eins bis zehn auf Karten. Lassen Sie das Kind die Spielsachen in den Anhängern zählen und die entsprechende Zahlenkarte dazulegen.

Briefkastenspiel

Bei dieser Aktivität geht es ums Sortieren und Verschicken. Das Kind lernt dabei, Zahlen zu erkennen und gleiche Zahlen zu finden. Sprechen Sie mit ihm darüber, wer die meisten/die wenigsten Briefe hat und welche Informationen man auf dem Briefkasten ablesen kann.

Basteln Sie einen Briefkasten aus einem alten Pappkarton und schreiben Sie wie in der Abbildung die Leerungszeiten darauf. Adressieren Sie Karten und Briefe an tatsächliche oder imaginäre Freunde.

Spielen Sie, dass die Briefe und Karten in den Briefkasten gesteckt werden. Leeren Sie den Kasten und sortieren und zählen Sie die Briefe.

■ Wie viele Briefe bekommt Simon?

■ Wie viele bekommt Anna?

■ Wer hat die meisten?

■ Wie viele Briefe gehen in die Parkstraße?

■ Wann ist die nächste Briefkastenleerung?

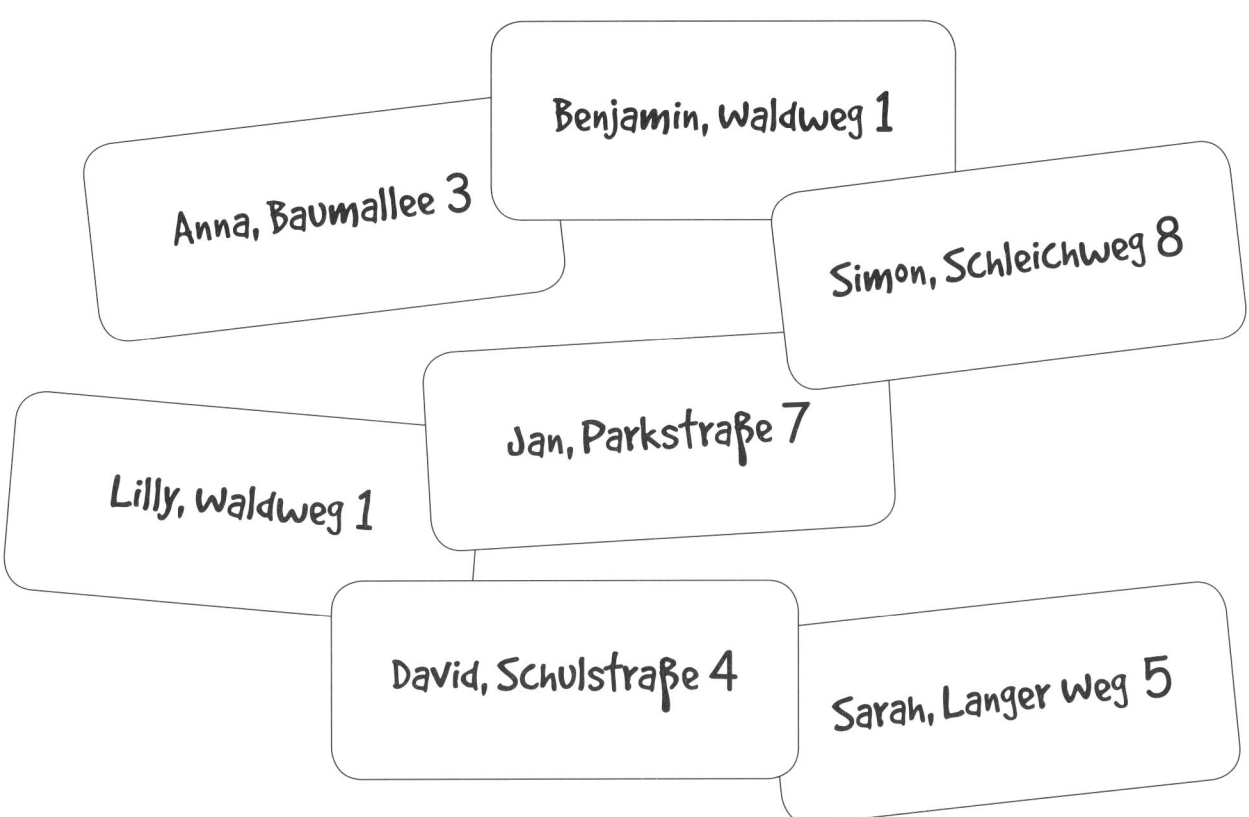

Eine mathematische Schnitzeljagd

Es gibt viele Spiele für draußen, die das Verständnis eines Kindes für Zahlen, Formen und Maße fördern und es außerdem anregen, mathematisches Vokabular richtig und sinnvoll anzuwenden. Hier ist ein Spiel zum Ausprobieren, das Sie abändern und immer wieder einsetzen können.

Sprechen Sie mit den Kindern über eine Schnitzeljagd im Garten oder im Park. Was werden sie dabei finden? Stellen Sie eine Liste möglicher Fundstücke zusammen und verwenden Sie dabei Zahlen, Wörter und Bilder. Wir haben eine solche Liste abgebildet, aber Sie können natürlich selbst eine aufstellen.

Helfen Sie den Kindern während der Schnitzeljagd, damit sie so viele Dinge wie möglich finden. Manche Dinge wie Blumen können Sie ansehen und zählen, aber pflücken Sie sie nicht ab. Ermuntern Sie die Kinder, genau hinzusehen und selbst zu zählen – das gibt ihnen das Gefühl, etwas geleistet zu haben.

Bei der Schnitzeljagd ergeben sich viele Gelegenheiten, Fragen zu stellen, bei denen die Kinder ihr mathematisches Vokabular üben können. Hier sind einige Vorschläge:

- Wie viele Schritte braucht man wohl bis zum Zaun?

- Wie viele Vögel kannst du in diesem Baum sehen?

- Welcher ist der höchste Baum?

- Was siehst du vor der Mauer?

- Wenn ich noch einen Stock aufhebe, wie viele haben wir dann insgesamt?

- Oh je, ich habe eines der Blätter verloren! Wie viele haben wir noch übrig?

- Wer von uns kann am schnellsten laufen?

1 Feder

2 Käfer

3 Blumen (nur ansehen, nicht pflücken)

4 verschiedene Blätter

5 Steine

6 Vögel

7 Stöcke

Was bedeutet „sortieren"?

In der Grundschule bekommen Kinder häufig im Unterricht die Aufgabe, Dinge zu sortieren. Aber warum ist so etwas so wichtig und wie können Sie diese Fähigkeit bereits im Kindergartenalter fördern? Hier eine Ideenliste für Eltern, die sich leicht auch auf den Kindergartenalltag übertragen lässt.

Die Wäsche sortieren (Buntwäsche)
einfarbig weiß/nicht weiß

Die Zeitschriften im Zeitungsständer sortieren (Art der Zeitschrift)
alle Comics/alle anderen

Die Einkäufe sortieren (Form)
• alle Sachen in Zylinderform
• alle Sachen, die keine Zylinderform haben

Die saubere Wäsche sortieren (Größe) Alle Sachen von Erwachsenen/Sachen, die nicht von Erwachsenen sind. Kinder, die diese Unterscheidung ohne Schwierigkeiten vornehmen können, könnten im nächsten Schritt ihre eigenen Sachen, Mamas Sachen, Papas Sachen und die Sachen von der kleinen Schwester sortieren.

Jeder von uns sortiert jeden Tag, ohne überhaupt zu merken, dass er sortiert. Wir sortieren das Geschirr in Teller, Tassen, Schüsseln, wir sortieren unsere Kleidung und manche Leute sortieren ihr CDs oder DVDs. Bei all dieser Sortiererei geht es darum, unser Leben besser zu organisieren und die verfügbare Zeit besser zu nutzen.

Kindern muss man die verschiedenen Möglichkeiten zu sortieren beibringen. Wenn sie älter werden, beginnen sie von selbst, Gegenstände zu klassifizieren (Dinge, die gut schmecken und Dinge, die nicht gut schmecken), doch in diesem Stadium sind sie meist noch nicht in der Lage zu sagen, warum sie Dinge auf eine bestimmte Weise einordnen. Um das Sortieren später im Leben als nützliches Instrument einsetzen zu können, müssen Kinder lernen, ihre Fähigkeiten zu verfeinern. Im Kindergarten oder zu Beginn der Grundschulzeit werden Kinder meistens angeregt, nach Farbe, Form, Größe und Art zu sortieren und Sie können dies zu Hause auf vielfältige Weise unterstützen.

Beim Sortieren geht es immer darum, Eigenschaften zu vergleichen und Gleiches zusammenzubringen. Für den Anfang ist eine Unterscheidung von positiv/negativ gut geeignet, z.B. einfarbig weiß/nicht weiß. Die Begriffe weiß/gemustert könnten Kinder verwirren, weil einige Sachen weder einfarbig weiß noch gemustert sind, sondern einfarbig rot oder blau sind.

Socken sortieren

Bei dieser Aktivität werden Kinder angeregt, genau hinzusehen und neue Wörter wie „zusammengehören" oder „Muster" zu lernen. Außerdem lernen sie dabei, dass manche Sachen „gleich" und manche „unterschiedlich" sind.

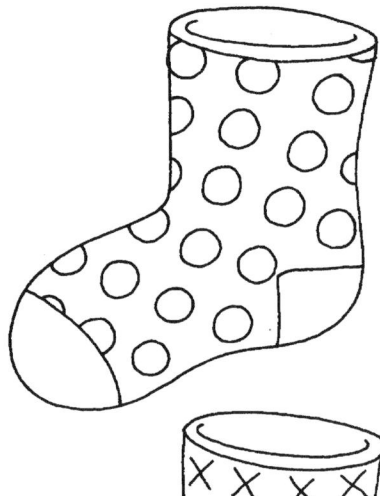

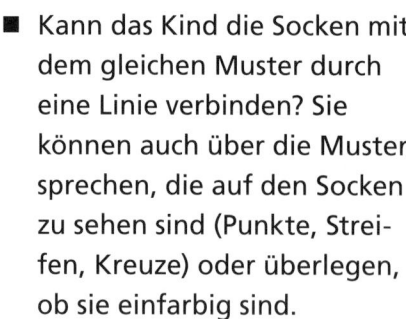

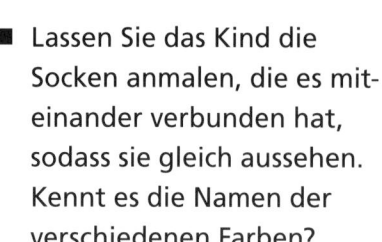

- Kann das Kind die Socken mit dem gleichen Muster durch eine Linie verbinden? Sie können auch über die Muster sprechen, die auf den Socken zu sehen sind (Punkte, Streifen, Kreuze) oder überlegen, ob sie einfarbig sind.

- Lassen Sie das Kind die Socken anmalen, die es miteinander verbunden hat, sodass sie gleich aussehen. Kennt es die Namen der verschiedenen Farben?

- Kann es sagen, in welchem Punkt sich die Socken gleichen? Sie gleichen sich in drei Punkten (Muster, Farbe, Größe). Wenn das Kind das Kriterium „Größe" nicht sofort nennt, können Sie ein bisschen nachhelfen.

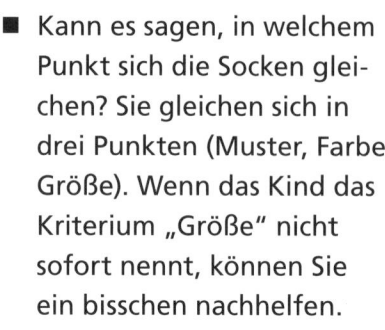

Auf Bärenjagd

Hier ist eine Idee für ein Spiel, das die mathematischen
Fähigkeiten von Kindern fördert und viel Spaß macht.

Zeichnen Sie ein paar Bären auf ein Blatt Papier. Achten Sie
darauf, dass jeder ein bisschen anderes aussieht. Dies ist die
Vorlage. Das Kind kann die Bären anmalen, wenn es mag.
Kopieren Sie die Vorlage auf ein anderes Blatt Papier – malen
Sie die Bären auf der Kopie genau so an wie auf der Vorlage –
und schneiden Sie sie aus. Kleben Sie jeden Bären auf ein
Stück Pappe und laminieren Sie die Pappe. Machen Sie an der
Oberkante ein Loch und fädeln Sie ein Stück Schnur hindurch,
sodass man die Karte leicht aufhängen kann.

Fordern Sie das Kind auf, sich zu verstecken oder sich die
Augen zuzuhalten, während Sie eine Bärenspur auslegen.
Dann gehen Sie gemeinsam los und suchen die Bären. Immer,
wenn Sie einen Bären finden, sprechen Sie über die Ähnlichkeiten und Unterschiede und vergleichen sie mit den Bären
auf der Vorlage.

Wenn Sie nicht gut zeichnen können, können Sie die Bären
auf dieser Seite nehmen oder gleiche Fotos aus Zeitschriften
ausschneiden und sie an Stelle der gezeichneten Bilder
verwenden.

Bist du groß geworden!

In alltäglichen Situationen können Sie Kindern helfen, sich die Sprache der Mathematik anzueignen.

Wenn Kinder wachsen und neue Anziehsachen brauchen, ist das eine sehr gute Gelegenheit, über Größe zu sprechen – Länge, Höhe und Breite.

- Oh je! Diese Jeans sind dir zu kurz geworden. Deine Beine sind zu lang geworden!

- Dieser Anorak ist viel zu kurz. Er hält dich nicht mehr richtig warm. Du bist viel größer geworden.

- Sieh mal, wie viel größer dieser neue Pullover ist. Die Ärmel sind viel länger als bei deinem alten und in den Schultern ist er breiter. Du wirst größer.

- Kommst du an dieses Buch im Regal heran? Gut! Du bist wirklich größer geworden. Letztes Jahr bist du noch nicht drangekommen.

Bringen Sie Babysachen mit und vergleichen Sie die Größen. Messen Sie aktuelle Anziehsachen an denen älterer/jüngerer Kinder.

Meine Beine sind zu lang!

Wörter, die mit Größe zu tun haben:

- groß/klein
- größer/kleiner als
- lang/kurz
- länger/kürzer als

Baby

Wald-kindergarten

Mamas Pullover ist viel zu groß!

Spaß mit Mathematik

Auf dieser Seite finden Sie ein paar Ideen, wie Sie in alltäglichen Situationen Kindern Fragen stellen und dabei ihr mathematisches Denken und den Gebrauch von mathematischen Begriffen fördern können.

Um die Maßeinheiten Länge, Breite und Volumen verstehen zu können, müssen Kinder hören, wie Sie Wörter wie „länger als", „kürzer als", „leer" und „voll" in sinnvollen Situationen benutzen.

Lassen Sie das Kind in der Badewanne, am Spülbecken in der Küche oder im Planschbecken mit Behältern in unterschiedlichen Größen und Formen spielen.

Geben Sie ihm eine Teekanne oder eine andere Kanne aus Plastik, die es füllen und ausgießen kann. Ermuntern Sie das Kind, damit zu spielen.

Stellen Sie Fragen wie:

- In welche Behälter passt am meisten Wasser?

- Ist die Kanne fast voll?

- Was passiert mit dem Wasser? Wohin fließt es?

Helfen Sie dem Kind, dass es sich selbst ein Getränk eingießen kann.
Lassen Sie es beim Abwasch „helfen".
Mit trockenem Spielsand lässt sich ebenso spielen.

Mathematik am Waschtag

Wäscheklammern nach Farben und Formen zu sortieren und zu zählen, hilft Kindern im Umgang mit Zahlen. Hier eine Übungsidee für Eltern, die sich leicht auch auf den Kindergartenalltag übertragen lässt.

Lassen Sie das Kind einfach mit den Wäscheklammern in Ihrem Korb spielen und sie sortieren.

- Wie viele rote Klammern sind da?
- Kannst du noch mehr Klammern finden, die diese Form haben?
- Gibt es mehr grüne als gelbe Klammern?
- Wenn ich zwei davon nehme, wie viele hast du dann noch übrig?

Wenn Sie Wäsche an der Leine festklammern, sprechen Sie mit Ihrem Kind darüber, wie viele Klammern Sie brauchen.

- Ich denke, ich brauche drei Klammern für dieses große Handtuch. Kannst du mir bitte drei geben?
- Meinst du, ich brauche drei für dieses Handtuch? Nein, das ist kleiner, da reichen zwei.

Muster zu erkennen, ist eine wichtige mathematische Fähigkeit. Ein Korb voller Socken bietet eine gute Gelegenheit, das Verständnis für Muster zu fördern.

- Lass uns alle Socken paarweise zusammenklammern. Kannst du einen finden, der zu diesem passt?
- Wenn alle Socken an der Leine hängen, lassen sich Größe und Länge leicht vergleichen – länger/kürzer als, größer/kleiner als.

Wenn alle Wäschestücke aufgehängt sind, zählen Sie nach, wie viele Sachen es sind, oder überlegen Sie gemeinsam, welches Stück am größten/kleinsten ist. Sind es mehr Socken als Handtücher?

Mathematik in der Küche

Kochen ist eine der zahlreichen Aktivitäten, die Sie mit Kindern durchführen können und die eine echte Lernerfahrung darstellen.

Hier eine Übungsidee für Eltern, die sich leicht auf den Kindergartenalltag übertragen lässt.

Lassen Sie Ihr Kind helfen, wenn Sie Zutaten zum Kuchenbacken oder Kochen abmessen. Durch das Mitmachen, durch Gespräche und Fragen beim Auswiegen helfen Sie ihm, die Grundlagen für mathematisches Denken und mathematisches Vokabular zu entwickeln.

Vergleichende Sprache – schwerer als, leichter als – in sinnvollen Kontexten führt wichtige mathematische Begriffe ein und verstärkt sie.

Weisen Sie das Kind auf den Zeiger der Waage hin, der sich bewegt, wenn die Waagschale voller wird.

Verwenden Sie Wörter wie „wiegen, schwer, schwerer als, leicht, leichter als".

Beobachten Sie bei einem Besuch im Supermarkt oder in der Metzgerei, wie Gemüse, Obst, Käse oder Fleisch abgewogen werden. Es hilft Ihrem Kind, sich mit der Idee von „schwer, schwerer, am schwersten und leicht, leichter, am leichtesten" vertraut zu machen, wenn es hört, wie Sie diese Wörter verwenden. Nach und nach wird es diese Begriffe selbst anwenden können.

Zeit zum Aufräumen

Wie oft wird das Aufräumen zum Streitpunkt? Überall auf dem Fußboden liegen Spielsachen verstreut! Machen Sie ein Spiel daraus und die Chancen stehen gut, dass die Spielsachen ganz schnell in ihrer Kiste verschwinden!

Die folgenden Fragen sollten ein Kind dazu anregen, mathematisches Vokabular anzuwenden und darüber nachzudenken, während gleichzeitig der Spielbereich aufgeräumt wird. Das mathematische Verständnis von Kindern entwickelt sich parallel zu ihrem wachsenden Sprachbewusstsein. Jede Spielzeugkategorie wartet mit unterschiedlichen Herausforderungen auf.

- „Kannst du vier Bausteine finden und in die Spielzeugkiste legen?"

- „Ich wette, ich kann vier Teddys finden, bevor du zwei Teddys findest."

- „Wie viele Puzzlestücke kannst du aufheben? Hast du mehr als ich?"

- „Ich sehe ein Auto unter dem Tisch. Wer ist als Erster da und hebt es auf?"

- „Wie viele rote Spielsachen kannst du in die Kiste legen?"

- „Welches Spielzeug liegt der Tür am nächsten? Gut, leg es in die Kiste."

Eine Warnung vorweg: Sorgen Sie dafür, dass das Spiel nicht zu viel Spaß macht, sonst will das Kind alles wieder ausräumen und von vorne anfangen!

⬇ Position:	⬇ Wie viele …?
oben / unten	Zahlen bis zehn
über / auf	
unter	⬇ Vergleiche:
vor / hinter	mehr / weniger
zwischen	gleiche Zahl
vor / nach	schwerer / leichter
innen / außen	größer / kleiner
durch	länger / kürzer
neben	höher / niedriger
gegenüber	mehr als / weniger als

Die Sprache der Zeit

Junge Kinder brauchen eine Menge Übung mit dem mathematischen Vokabular zum Thema „Zeit". Bevor sie anfangen können, die Uhr zu lernen, brauchen sie Hilfe, um das Verstreichen der Zeit zu begreifen.

Wenn junge Kinder fragen „Kommt jetzt meine Sendung im Fernsehen?", meinen sie nicht „Ist es 15.20 Uhr?", sondern „Ist dies die Zeit in meinem Tagesablauf, zu der ich normalerweise fernsehe?"

Diese Frage gibt Ihnen die Möglichkeit, das Kind mit der Sprache der Zeit vertraut zu machen.

- „Nein, es ist noch zu früh. Du kannst nach dem Mittagessen fernsehen."
- „Du siehst normalerweise vormittags fern."
- „Du kannst heute Nachmittag fernsehen."

Kinder beginnen, das Verstreichen der Zeit wahrzunehmen, wenn sie es mit ihren eigenen Interessen verknüpfen.

- „Bevor du deinen Keks isst, musst du dir die Hände waschen."
- „Später kann ich dir eine Geschichte vorlesen."

Das Verstreichen von Tagen, Wochen und Monaten wird für ein Kind eher verständlich, wenn es wichtige Ereignisse in der Familie damit in Verbindung bringen kann.

Stellen Sie einen Wochenplan mit Bildern auf, die für jeden Tag ein wichtiges Ereignis darstellen. Auch ein Monatsplan mit Eintragungen für Familiengeburtstage, Ferien usw. ist hilfreich.

Ihr Kind beginnt dann, die Reihenfolge der Tage und Monate und den Verlauf der Zeit zu begreifen.

Wörter im Zusammenhang mit Zeit:

gestern	vor
heute	nach
morgen	bald
Vormittag	jetzt
Nachmittag	später
Abend	früher
Nacht	braucht länger
Woche	braucht weniger Zeit
Wochenende	

Montag	Dienstag	Mittwoch	Donn
Ich gehe zum Kinderturnen	Oma kommt	Ich gehe schwimmen	Mama

Raum und Bewegung erkunden

Junge Kinder verwenden viel Zeit und Energie darauf, Raum und Bewegung zu erkunden. Diese Erkundungen sind eine solide Basis für späteres Denkvermögen, vor allem in Bezug auf Mathematik.

Junge Kinder setzen ihren ganzen Körper ein, wenn sie z.B. Treppen steigen, rutschen, in Schränke krabbeln. Später werden ihre Bewegungen kontrollierter und sie schieben Dinge durch Briefschlitze, legen sie in Tüten und fügen Puzzleteile zusammen. Im Laufe ihrer ausgedehnten Erkundungen lernen Kinder, was in einen Raum oder durch ein Loch passt. Schließlich sind sie in der Lage, sich einen Gegenstand anzusehen und abzuschätzen, ob er in einen Behälter passt.

Maximilian (4 Jahre) malte ein Bild für seine Mama. Er wollte es in einen Briefumschlag stecken. Ich hielt ihm den Briefumschlag auf. Er bemühte sich, das Bild hineinzustecken, und als es ihm gelungen war, sah ein Stück des Bildes hervor. Er wollte den Umschlag zukleben und so schlug ich ihm vor, das Bild auf die passende Größe zu falten. Er sagte: „Ich weiß es – ich schneide den Rand ab und dann passt es." Und so war's.

Kinder erkunden mit ihrem ganzen Körper und hantieren darüber hinaus mit einer Vielzahl kleiner Gegenstände. Diese Erkundungen bilden die Grundlage für ihr späteres Denkvermögen. Wenn Kinder die Gelegenheit haben, ihren ganzen Körper so lang wie möglich uneingeschränkt und frei einzusetzen und auf ihre eigene Weise mit kleinen Gegenständen umgehen können, dann haben sie eine solide Basis für alle Lernbereiche, vor allem für die Mathematik.

Junge Kinder verwenden alles, was sie in die Hände bekommen und
- stellen es in einer Reihe auf
- tragen es herum
- verteilen es auf dem Boden
- decken es zu

und legen eine Reihe anderer Muster damit. Diese Muster sind nicht präzise und ordentlich, doch Kinder erkunden mit ihrer Hilfe die Welt und daher sind sie wichtig.

Geben Sie dem Kind die Möglichkeit, zu klettern, zu fahren, sich zu bewegen und Sachen zu bauen. Besuche im Park oder von Spielplätzen fördern seine Fähigkeiten. Auf Fahrrädern, Rollern oder Traktoren umherzufahren, fördert die Fähigkeit, sich mit Geschwindigkeit zu bewegen, Richtungswechsel vorzunehmen und Entfernungen einzuschätzen. Materialien wie Korken, Deckel, Klammern und Knöpfe bieten Kindern vielfältige Möglichkeiten. Sie können auf unterschiedlichste Weise mit ihnen hantieren, sie in eine Reihe legen, sie zudecken, Probleme lösen wie die Frage, wie groß ein Stück Papier sein muss, um bestimmte Dinge abzudecken. Mit Schnur, Klebeband und Maßband lernen Kinder etwas über Länge und Längenmaße.

Kinder benutzen alles, was sie in die Finger bekommen, z.B. Kissen oder DVD-Hüllen. Es ist nicht immer leicht, zu akzeptieren, dass diese Erkundungen für ein Kind sehr wichtig sind. Wenn Sie sich klarmachen, dass diese Aktivitäten ihm wahrscheinlich bei der höheren Mathematik nutzen werden, werden Sie bestimmt viel toleranter sein!

Sching, die gierige Schlange

Erinnern Sie sich daran, wie Sie als Kind in einen Laden gingen, um Süßigkeiten zu kaufen und dabei ein paar Münzen in der Hand gut festhielten? Heute haben Kinder nicht mehr so viele Möglichkeiten, selbst mit Münzen umzugehen und daher müssen wir uns einfache Aktivitäten ausdenken, bei denen es um Geld geht. Die Verwendung von Münzen und der Umgang mit Wechselgeld sind noch zu kompliziert für junge Kinder, doch sie können schon die Bezeichnungen der Münzen lernen.

Lassen Sie das Kind die Münzen von 1, 2, 5, 10, 20, 50 Cent sowie 1 und 2 Euro nach ihrem Wert sortieren. Dabei müssen sie sich die Münzen gut ansehen, die Farben („Lass uns all die goldfarbenen suchen") und die Größen miteinander vergleichen.

Nun verwenden Sie einige dieser Münzen von 1, 2, 5, 10, 20, 50 Cent und 1 und 2 Euro für diese Aktivität mit Sching, der Schlange.

 ## Sching, die gierige Schlange

Sching ist eine gierige Schlange. Sie hat ein paar Münzen verschluckt und fühlt sich gar nicht wohl. Welche Münzen hat sie wohl verschluckt?

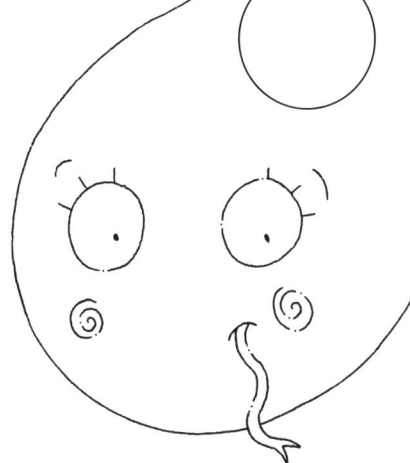

Beginnen Sie mit der kleinsten Größe und legen Sie eine Münze in den entsprechenden Umriss. Benennen Sie jede Münze (z.B. „ein 20-Cent-Stück"), die auf die Schlange gelegt wird. Wenn ein Umriss frei bleibt, könnten Sie sagen: „Sching, die Schlange, hat heute wahrscheinlich kein 20-Cent-Stück gefressen." Wenn es von einer Münze mehrere Exemplare gibt, können sie aufeinandergestapelt werden.

Wenn alle Münzen an ihrem Platz sind, helfen Sie dem Kind, die Münzen zu benennen.

„Meine Güte! Sching, die Schlange, hat ein 10-Cent-Stück, ein 2-Cent-Stück, noch ein 2-Cent-Stück usw. verschluckt! … Hat die heute aber viele Münzen gegessen! Kein Wunder, dass Sching sich nicht gut fühlt, mit all den Münzen im Bauch! Was für eine gierige Schlange!"

Formen lernen

Hier sind ein paar Vorschläge, wie Sie Kindern helfen können, Formen zu erkennen und zu benennen.

Schneiden Sie unterschiedlich große Kreise, Quadrate, Dreiecke und Rechtecke aus alten Geburtstags- oder Weihnachtskarten aus. Sie können daraus alle möglichen Bilder zusammenstellen: Entweder als Spiel auf dem Boden, das sich nach Belieben wiederholen lässt, oder auf einem Bogen Papier, auf dem Sie die Formen aufkleben.

Nach derselben Idee können Sie ein großes Bild zeichnen, das das Kind dann ausmalt: die Dreiecke rot, die Kreise gelb usw.

Achten Sie bei einem Spaziergang auf Formen in der Umgebung. Machen Sie ein Spiel daraus und suchen Sie Formen: ein quadratischer Pflasterstein, ein Dreieck am Dachgiebel, rechteckige Türen …

Spielen Sie „Ich sehe was, was du nicht siehst …" mit Formen. Dafür findet sich immer eine Gelegenheit.
Auch Lebensmittel erweisen sich bei genauerem Hinsehen als „Formsachen" – spielen Sie damit: Welche Form hat ein Fischstäbchen, ein Keks oder eine Tomate? Lassen Sie das Kind aussuchen, welche Form die Käsestückchen zum Mittagessen haben sollen, oder lassen Sie es Kreise aus Keks-Teig ausstechen.

Lernen gehört zum Großwerden, es ist eine soziale Erfahrung, an der Sie beteiligt sind. Sie brauchen keine komplizierte Ausstattung und nur wenige Materialien. Doch eine kurze Zeitspanne, die ein Kind mit Ihnen verbringt, hat große Wirkung.

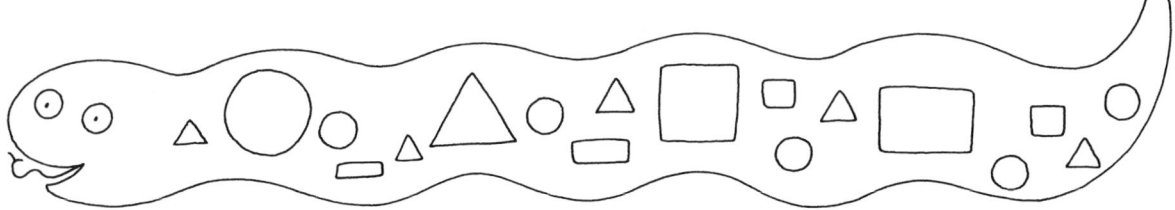

Muster mit Formen

Formen zu erkunden, die zusammenpassen, ist eine sinnvolle Übung für Kinder: Sie lernen dadurch etwas über zweidimensionale Formen und haben außerdem viel Spaß dabei.

Sprechen Sie mit Kindern über Formen, die zusammenpassen. Machen Sie mit ihnen einen Spaziergang und sehen Sie sich nach Beispielen um. Rechteckige Platten sind zu einem Gehweg zusammengefügt. Quadratische Kacheln bilden in Küche oder Badezimmer eine Fläche.

Zeigen Sie den Kindern die unten abgebildeten quadratischen Fliesen, die zusammenpassen, oder zeichnen Sie selbst einige auf ein Blatt Papier. Helfen Sie den Kindern, die Fliesen nach Belieben zu verzieren. Wie wäre es mit einem sich wiederholenden Muster aus blauen und roten Flächen oder einem Zickzackmuster?

Lassen Sie die Kinder die Fliesen ausschneiden und auf einem Stück Pappe wieder zusammenkleben. Sie könnten so tun, als würden sie die Küche neu fliesen.

Wenn die Kinder ein wenig Übung beim Zusammensetzen von Formen haben, könnten Sie ein paar Dreiecke ausschneiden und ausprobieren, ob die Kinder sie zusammenfügen können.

Was sind Parkettierungen?

Wenn identische Formen ohne Lücken zusammenpassen, nennt man das Parkettierung. Für junge Kinder ist das Quadrat die beste Form zum Parkettieren und man kann viele Beispiele dafür finden, z.B. Bodenfliesen, Dachziegel, Schachbretter und Straßenpflaster.

Ein Formenmobile basteln

Basteln Sie dieses Formenmobile mit den Kindern und machen Sie sie auf spannende Weise mit zweidimensionalen Formen vertraut.

 Das brauchen Sie:

nur ein Stück Pappe (eine alte Cornflakes-packung reicht), einen Stift, einen Locher, ein Knäuel Schnur, eine Schere und vier Pappformen. Helfen Sie den Kindern, vier zweidimensionale Formen aufzuzeichnen und auszuschneiden – Kreis, Dreieck, Quadrat und Rechteck.

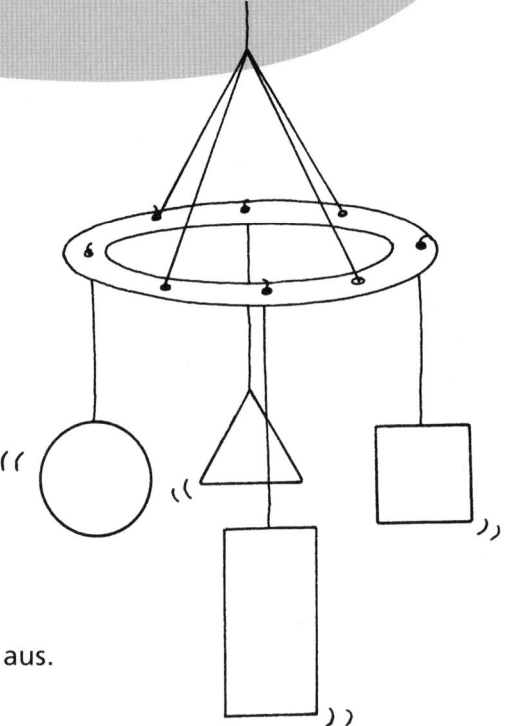

 So geht es:

■ Schneiden Sie den großen Kreis (S. 71) als Vorlage aus. Dies ist der Rahmen, von dem Ihre vier Formen herabhängen.

■ Schneiden Sie den inneren Kreis aus.

■ Zeichnen Sie nach dieser Vorlage einen Kreis auf Ihr Pappstück.

■ Machen Sie in regelmäßigen Abständen acht Löcher in den Rand (wie in der Vorlage). Vier davon dienen der Aufhängung des Mobiles, an den anderen vier werden die Formen befestigt.

■ Zeichnen Sie auf Pappe oder farbigem Papier vier zweidimensionale Formen auf (Kreis, Quadrat, Rechteck und Dreieck) und schneiden Sie sie aus.

■ Bohren Sie in jede Form ein kleines Loch an den oberen Rand und fädeln Sie einen Faden durch.

■ Binden Sie die Formen mit einem großen Knoten an das Mobile.

■ Binden Sie vier Fäden so an das Mobile, dass sie nach oben zeigen, und knoten Sie sie oben zusammen. Nun können Sie das Mobile aufhängen.

Ein Formenmobile basteln

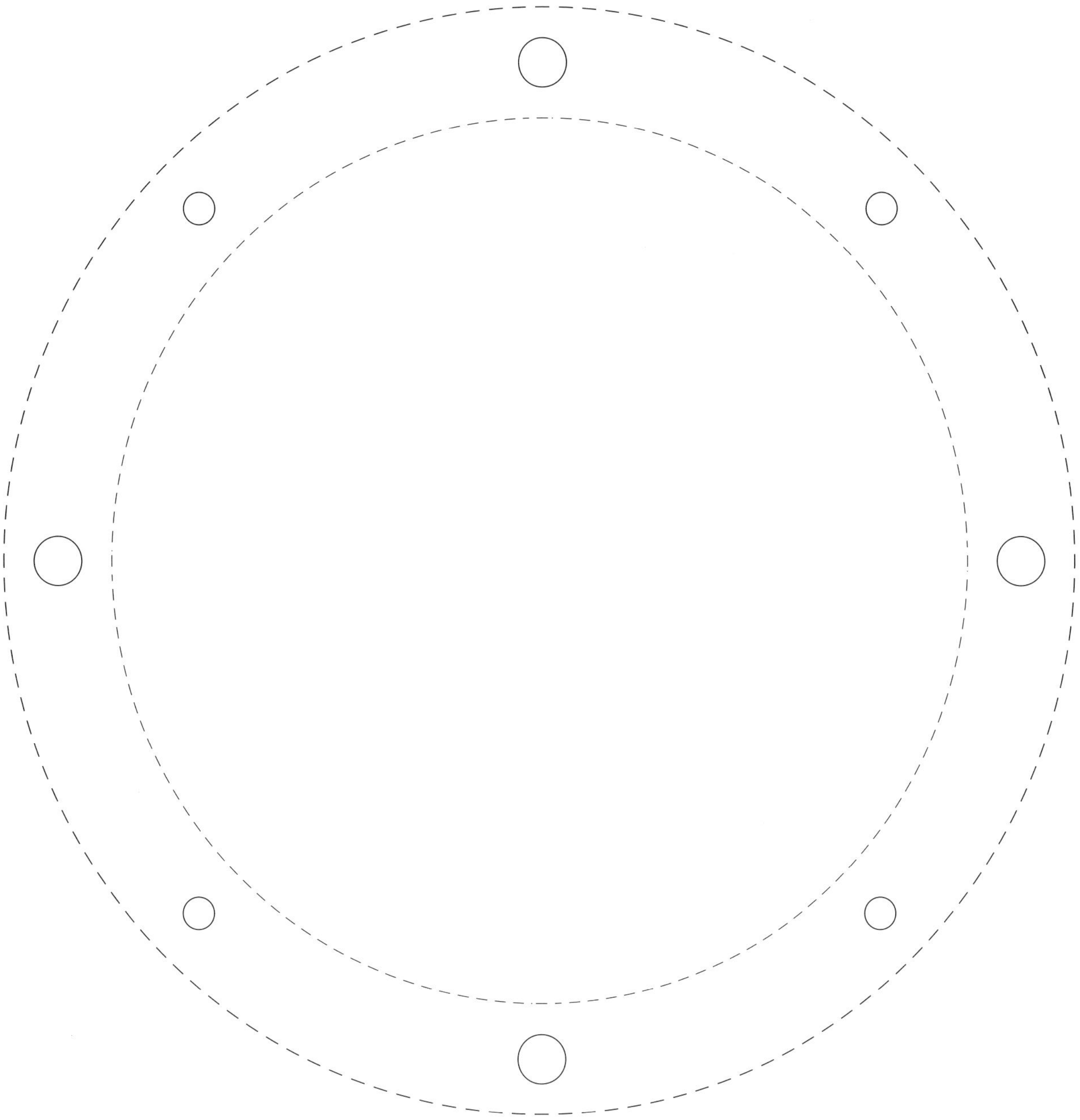

 Weitere Ideen:

Nutzen Sie diese Aktivität als Ausgangspunkt für Ihre Suche nach weiteren zweidimensionalen Formen. Wenn Sie einen Spaziergang machen, weisen Sie auf quadratische Gullydeckel, dreieckige Verkehrszeichen und kreisförmige Autoreifen hin. Vielleicht haben Sie das Gefühl, dass die Kinder eher auf

dreidimensionale Körper zeigen, z.B. auf Würfel und Kugeln, und Sie möchten, dass es die Bezeichnungen für diese Formen lernt. Es ist jedoch wichtig, dass Kinder die Eigenschaften zweidimensionaler Formen kennenlernen, bevor Sie ihnen die Bezeichnungen für dreidimensionale beibringen.

Eine Pyramide basteln

Versuchen Sie, nach dieser Vorlage eine einfache Pyramide zu basteln und helfen Sie Kindern, diese Form kennenzulernen und die Farbennamen zu üben.

Die Kinder können diese Vorlage anmalen, ausschneiden und dann zusammenkleben. Basteln Sie eine Pyramide als fertiges Beispiel, sodass die Kinder wissen, was zu tun ist. Es ist eine kniffelige Angelegenheit – manche Kinder haben möglicherweise noch nicht die feinmotorischen Fertigkeiten, um allein zu schneiden, zu falten oder zu kleben und brauchen daher Hilfe.

Aber keine Sorge, Kinder lernen trotzdem wichtige Begriffe im Zusammenhang mit Formen, wenn Sie sie bitten, das Quadrat rot anzumalen oder das grüne Dreieck hochzuklappen.

In dieser Phase beginnen Kinder gerade zu begreifen, wie die unterschiedlichen Formen aussehen.

Wenn Sie ein robusteres Modell basteln wollen, verwenden Sie den Umriss als Vorlage und zeichnen ihn auf einem Stück Pappe nach.

Klebelasche

Klebelasche

grün

blau

rot

orange

gelb

Klebelasche

Klebelasche

Formen entdecken:

Unternehmen Sie mit den Kindern eine Jagd nach Formen. Dafür brauchen Sie noch nicht einmal vor die Tür zu gehen: Sie können im Gruppenraum beginnen. Lassen Sie die Kinder nach Würfeln (Spielwürfel) suchen, nach Zylindern (im Innern einer Toilettenpapierrolle), nach Kugeln (Bälle), Quadern (Schachteln) …
Bauen Sie ihr Wissen über dreidimensionale Formen auf, indem Sie immer wieder darauf hinweisen, wenn Sie draußen spazieren gehen. Ein Zelt ist z.B. ein Prisma, ein Wohnhaus ist ein Quader und eine Litfaßsäule ist ein Zylinder.

Natur und kulturelle Umwelt

In diesem Lernbe-
reich entwickeln die Kinder
das Wissen, die Fähigkeiten und
das Verständnis, das ihnen hilft,
die Welt zu verstehen:

- **Erkunden und untersuchen**

  Kinder lernen alle möglichen natürlichen und künstlichen
  Materialien kennen, wie Sand und Wasser, Knete und Ton.
  Sie erkennen Dinge, die gleich sind und die sich voneinander
  unterscheiden, z.B. ein Auto, das so ist wie Ihres. Sie beginnen
  zu erfragen, warum bestimmte Dinge passieren und wie sie
  funktionieren.

- **Planen und herstellen**

  Junge Kinder spielen gern mit Bauspielzeugen und können später sagen,
  was sie gebaut oder hergestellt haben. Es ist wichtig, dass sie die Chance
  haben, Werkzeuge wie Scheren und Ausstechformen zu benutzen.

- **Einsatz von Technik**

  Das Kind hat Interesse an ferngesteuerten Autos oder CD-Spielen.
  Zum Ende der Kindergartenzeit sind die meisten Kinder in der Lage,
  eine Computermaus oder ein programmierbares Spielzeug zu bedienen.

- **Zeit und Ort**

  Kinder lernen die Umgebung kennen, in der sie leben,
  erkennen charakteristische Merkmale und entwickeln
  ein Gefühl für ihre Nachbarschaft. Sie sprechen über
  ihre Umgebung und nehmen lebendige Wesen
  wahr. Ausflüge und Spaziergänge fördern diese
  Entwicklung. Sie beginnen auch, zwischen
  Gegenwart und Vergangenheit zu unterscheiden.
  Obwohl „heute" und „gestern" sie anfangs
  verwirren kann, sind sie bald in der Lage, zu
  erzählen, was sie am Wochenende oder in den
  Ferien gemacht haben.

- **Kultur und Überzeugungen**

  Das Kind wird allmählich merken, dass es ein Individuum
  ist. Es beginnt zu verstehen, dass wir eine Reihe von Feierta-
  gen begehen. Es beginnt, andere Kulturen und Überzeugungen
  zu respektieren, die sich von ihren unterscheiden.

Hinhören und Hinsehen

Zu viele Kinder erleben die Umgebung, in der sie aufwachsen, durch ein Autofenster und bewegen sich zu wenig. Erkunden Sie Ihr Viertel zusammen und Sie werden erstaunt sein, was es dort zu sehen und zu hören gibt.

Auf Kinder trifft der Begriff vom „learning by doing" besonders zu – sie lernen durch eigenes Handeln und setzen dabei alle Sinne ein. Um die Umgebung zu verstehen, in der sie leben, müssen Sie mit Ihnen umhergehen, Eindrücke aufnehmen und darüber sprechen. Wenn Sie dem Kind helfen, sein Augenmerk auf verschiedene Merkmale zu richten und sie zu vergleichen, legen Sie den Grundstein für Naturwissenschaften und Geografie.

Hier ein paar Tipps für Eltern:

Können Sie den Weg zur Spielgruppe oder zur Grundschule zu Fuß zurücklegen? Wenn es zu weit ist, um die ganze Strecke zu laufen, parken Sie das Auto ein Stück von Ihrem Ziel entfernt und gehen Sie das restliche Stück zu Fuß. Ermuntern Sie Ihr Kind unterwegs, sich die Welt ringsum anzusehen, indem Sie ihm Fragen stellen:

- Wie bewegen sich Leute fort? (Vergessen Sie nicht, auch in den Himmel zu sehen.)

- Kannst du Leute sehen, die draußen arbeiten? Was tun sie?

- Welche Gebäude siehst du? Was meinst du, passiert dort drinnen? (Haben Sie Zeit, in eines der öffentlichen Gebäude hineinzugehen, an denen Sie vorbeikommen – etwa eine Kirche, Bücherei, ein Geschäft oder ein Postamt? Das verstärkt den Lerneffekt bei Ihrem Kind.)

- Welche Geräusche hörst du? Woher kommen diese Geräusche? Helfen Sie dem Kind, sich auch auf leisere Geräusche zu konzentrieren.

- Riechst du was? Woher kommt dieser Geruch wohl?

- Wenn Sie wieder zu Hause sind, zeichnen Sie eine grobe Skizze Ihres Weges auf. Fordern Sie das Kind auf, sich an die Dinge zu erinnern, die Sie gesehen und gehört haben, und lassen das Kind diese Dinge in die Skizze einzeichnen.

- Helfen Sie dem Kind, Vergleiche zwischen seiner Stadt und anderen Orten anzustellen. Z.B. „Wie unterscheidet sich die Umgebung am Meer von meiner Umgebung?"

Regeln für das Überqueren einer Straße

**Wenn Sie mit Kindern eine Straße überqueren, versuchen Sie sich anzuge-
wöhnen, die folgenden Regeln als Erinnerungshilfe gemeinsam aufzusagen.**

- Halte einen Sicherheitsab-
stand vom Bordstein ein.

- Bleib immer an der Hand
eines Erwachsenen.

- Suche dir erst eine sichere Stelle
zum Überqueren, dann bleib stehen.

- Gehe zur Bordsteinkante vor und
bleib stehen.

- Sieh dich nach allen Seiten nach
dem Verkehr um und horche.

- Wenn Fahrzeuge kommen,
lass sie vorbeifahren.

- Wenn es sicher ist, gehe auf geradem
Weg über die Straße. Nicht rennen!

Tastspiele

„Nicht anfassen!" heißt es oft, wenn Kinder in die Nähe heißer oder empfindlicher Gegenstände kommen. Dennoch ist es wichtig, dass Kinder ihre Sinne gebrauchen und erkennen, dass das Tasten und Fühlen ebenso Informationen vermitteln kann wie das Sehen und Hören. Hier ein paar Übungsideen für zu Hause, die sich leicht auf den Kindergartenalltag übertragen lassen.

- **Sortieren Sie die Wäsche nach ihrer Beschaffenheit:** weiche Sachen auf einen Stapel, raue Sachen auf einen anderen, seidige oder glatte Sachen auf einen dritten. Suchen Sie Sockenpaare durch Fühlen zusammen.

- Ermuntern Sie Ihr Kind, Sachen anzufassen und zu befühlen. Kann es Mund, Nase, Stirn mit geschlossenen Augen ertasten? Kann es zwischen Mama, Papa, Bruder oder Schwester unterscheiden?

- **In der Badewanne:**
  Ein trockener Schwamm fühlt sich rau an; wenn er nass ist, fühlt er sich weich und glatt an. Shampoo und Badeschaum fühlen sich seifig an, Badespielzeug ist oft hart und uneben und es gibt wohl kaum etwas Schöneres als ein flauschiges Handtuch oder einen warmen Schlafanzug.

- **Spielen Sie ein Ratespiel:** Mit verbundenen Augen befühlt das Kind die Gemüseablage oder die Obstschale und versucht, den Unterschied zwischen Zwiebel und Orange festzustellen.

- Haushaltsgegenstände wie Küchenpapier, Gardinenreste, Teesiebe und Tapetenmusterbücher eignen sich hervorragend für die Erkundung unterschiedlicher Oberflächen.

- Unternehmen Sie eine Schnitzeljagd im Garten oder im Park. Wer kann fünf raue oder unebene Dinge finden (Tannenzapfen, Steine, Zweige)? Oder sortieren Sie mit Hilfe des Tastsinns Spielzeuge in verschiedene Gruppen (weiche, harte, oder unebene Spielzeuge). Dieses Sortierspiel lässt sich mit allen Gegenständen durchführen.

- Legen Sie eine „Dies-und-das"-Kiste an, in der Sie Flaschendeckel, Knöpfe, Verpackungsmaterial und andere Reste sammeln. Eine solche Kiste kann manchmal unterhaltsamer sein als eine „richtige" Spielzeugkiste und erweist sich vielleicht als das Lernpaket schlechthin! Kinder können nach Oberfächenbeschaffenheit, Größe, Farbe, Material sortieren – die Möglichkeiten sind endlos.

Was meinen wir mit „Naturwissenschaften"?

Bei Naturwissenschaften geht es darum, etwas über die Welt und unseren Platz darin zu erfahren. Es geht darum, mit unseren Sinnen neue Erfahrungen und Situationen zu erkunden, herauszufinden, wie Dinge funktionieren oder wie sie zusammenhängen. Es geht darum, Fragen zu stellen und Ideen zu entwickeln – Kinder tun das jeden Tag!

Junge Kinder sind hervorragende Naturwissenschaftler – nur nennen wir es normalerweise „überall ihre Nase hineinstecken"! Als Erwachsener kommt Ihnen die Aufgabe zu, …

- … ihre Neugierde und ihr Fähigkeiten zu fördern, sodass sie beginnen können, logisch zu denken und zu arbeiten.

- … den Kindern nahezubringen, wie die Welt funktioniert.

- … den Kindern zu zeigen, wie Materialien sich verhalten, ohne dabei das Wunder und das Erstaunen zu zerstören, das die Kindheit so wertvoll macht.

 ## Vom Leben lernen

Das Baby, das seine Rassel aus dem Kinderwagen wirft, entwickelt eine Vorstellung von Schwerkraft. Das Kind, dem Eis am Kinn herunterläuft, macht gerade die Erfahrung, dass Materialien ihren Zustand ändern können. Früchte und Blumen zu sehen und zu riechen oder bei der Pflege eines Kaninchens zu helfen, fördert bei Kindern die Einsicht in die Vielfalt des Lebens.

 ## Draußen spielen

Beim Spielen im Sandkasten erkunden Kinder die Eigenschaften von Materialien. Wie unterscheidet sich nasser von trockenem Sand? Was kann man mit dem einen Material machen, das man mit dem anderen nicht kann? Was passiert mit dem Puppenwagen, wenn er geschoben wird? Ist er leichter zu schieben, wenn er voll oder wenn er leer ist? Es ist wichtig, dass Kinder eigene Ideen haben und keine Angst haben, sie zu formulieren. Viele Kinder denken, dass alles entweder richtig oder falsch ist. Sie müssen ihnen begreiflich machen, dass es auf manche Fragen verschiedene Antworten gibt, vor allem bei Untersuchungen. Schließlich lohnt es sich nicht, etwas zu untersuchen, wenn Vorhersagen immer zutreffen!

Was meinen wir mit „Naturwissenschaften"?

Umgang mit Wasser

Wenn das Kind mit einem Eimer voll Wasser spielt, geben Sie ihm verschiedenste Dinge, mit denen es erforschen kann: Was schwimmt und was geht unter?

In der Küche

Viele der alltäglichen Aktivitäten bieten einen unerschöpflichen Reichtum an naturwissenschaftlichen Erfahrungen. Wenn Sie zusammen backen, lassen das Kind sehen, wie sich der Teig verändert, wenn er eine Weile im heißen Ofen war. Was passiert, wenn Sie Zucker in heißen Tee schütten? Er löst sich auf. Halten Sie einen Eiswürfel in der Hand und sehen Sie zu, wie er vom festen in den flüssigen Zustand übergeht.

Alles dreht sich um MICH!

Sprechen Sie über all das, was das Kind interessiert. Vergessen Sie nicht, dass die Welt sich für junge Kinder ausschließlich um sie dreht: Wie heißen die verschiedenen Teile von mir? Wie bewege ich mich? Warum brauche ich zu essen und zu trinken? Sind alle Menschen gleich? All das gehört zu den Naturwissenschaften!

Fragen über Fragen ...

Es ist wichtig, welche Fragen Sie stellen: Was passiert, wenn ...? Was meinst du? Warum meinst du das? Dies sind Schlüsselfragen, mit denen Sie Kinder zum Nachdenken bringen. Sie selbst sollten nur dann antworten, wenn das Kind Schwierigkeiten hat. Die Erfahrung wird Ihnen zeigen, wann ein Kind an seine Grenzen stößt. Loben Sie viel und ermutigen Sie die Kinder z.B. mit anerkennenden Worten wie: „Das ist eine gute Idee!"
Es gibt Zeiten, da kommen Sie um eine Antwort nicht herum, z.B. bei dem Klassiker unter den Kinderfragen: „Wohin geht die Sonne in der Nacht?" Halten Sie Ihre Erklärungen klar und einfach und haben Sie keine Angst zu sagen: „Ich weiß es nicht, lass es uns herausfinden." Nutzen Sie die Gelegenheit, in einem Buch oder im Internet nachzusehen. Es ist wichtig für Kinder zu sehen, dass Informationen auch andernorts zu finden sind und dass sie sich selbst auf die Suche danach machen können. Das Ziel ist immer, Kinder zu selbstständigem Denken zu ermuntern, Fragen zu stellen und Antworten finden zu wollen.

Was schmilzt?

Hier sind ein paar einfache wissenschaftliche Untersuchungen zum Thema „Gefrieren und Schmilzen". Bei den meisten handelt es sich um alltägliche Aktivitäten, die Sie zu Hause oder im Kindergarten ausprobieren können. Und gleichzeitig geben Sie dem Kind einen frühen Einblick in chemische Phänomene, der sogar Spaß macht!

 ## Naturwissenschaften zum Frühstück

Rösten Sie ein paar Scheiben Toast. Was könnten Sie daraufstreichen, wenn er schön heiß ist? Versuchen Sie es mit Margarine, Butter, Honig und Marmelade. Was ist mit Nugatcreme? Lassen Sie das Kind sich all die Dinge ansehen, die Sie aufstreichen wollen. Vielleicht kann es von jedem ein ganz kleines bisschen auf einem Löffel probieren und im Mund und auf der Zunge spüren. Was wird seiner Meinung nach am besten auf dem Toast schmilzen? Eine zähe Substanz wie Nugatcreme oder eine dünnflüssige wie Honig? Fordern Sie das Kind auf, zu sagen, was es denkt, bevor es die Probe aufs Exempel macht.

 ## Eis ist lecker!

Um Kindern klarzumachen, dass Eis gefrorenes Wasser ist und dass es wieder zu Wasser wird, wenn es schmilzt, können Sie Eis am Stiel oder Eiswürfel aus ausgepresstem und verdünntem Fruchtsaft machen. Verwenden Sie z.B. die Stiele von Lutschern, nachdem Sie sie gründlich abgewaschen haben. Verwenden Sie Wörter wie „Wasser", „kalt", „warm", „mischen", „gefrieren" und „schmilzen".

Was schmilzt?

 Kuchen mit Schoko-Cornflakes

Im Gegensatz zu Eis schmilzt Schokolade normalerweise nicht bei Raumtemperatur – dafür braucht man mehr Hitze. Das lässt sich leicht demonstrieren: Nehmen Sie zwei Schüsseln (am besten transparente) und legen Sie jeweils ein Stück Schokolade hinein. Lassen Sie eine Schüssel bei Raumtemperatur stehen und stellen Sie die andere in ein heißes Wasserbad (nicht so heiß, dass es gefährlich werden könnte). Lassen Sie die Kinder genau beobachten, was passiert. Vergleichen Sie die Schokolade im Wasserbad mit der in der anderen Schüssel. Verwenden Sie Begriffe wie „schmelzen", „Hitze", „fest" und „flüssig".

Wenn Sie die Schokolade, die Sie für Ihr wissenschaftliches Experiment geopfert haben, nicht wegwerfen wollen, schmelzen Sie noch etwas mehr ein und machen Sie Kuchen mit Cornflakes. Rühren Sie so viele Cornflakes unter die Schokolade, dass sie einen Schokoladenüberzug bekommen. Fügen Sie als interessante Abwechslung ein paar Sultaninen hinzu und verteilen Sie die Mischung in Papierförmchen. Lassen Sie sie fest werden. Stellen Sie einige Förmchen zum Festwerden in den Kühlschrank. Welche werden schneller fest?

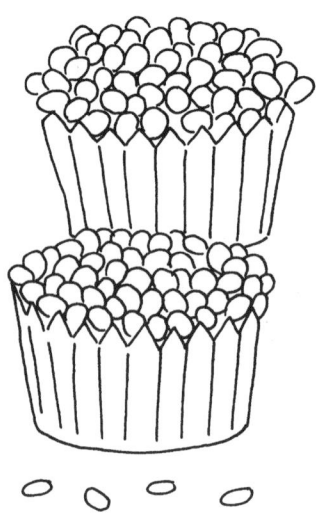

Naturwissenschaftlicher Hintergrund:

Gefrieren und Schmelzen sind physische Zustandsveränderungen bei Materialien, die sich umkehren lassen. Die Materialien können sich immer wieder von fest nach flüssig verändern und umgekehrt. Die Veränderung geschieht unter dem Einfluss von Hitze oder Kälte. Eis schmilzt, wenn die Umgebung, in der es sich befindet, wärmer als der Gefrierpunkt ist, z.B. wenn Sie es aus der Tiefkühltruhe in einen Raum mit Raumtemperatur bringen und in ein Glas mit Saft legen. Bei Eis am Stiel ist es der warme Mund, der das Eis zum Schmilzen bringt! Legen Sie es in die Tiefkühltruhe zurück und Wasser oder Speiseeis gefrieren erneut. Das können Sie so oft wiederholen, wie Sie möchten! (Aber Vorsicht: Essen Sie nichts, das nach dem Auftauen wieder eingefroren worden ist.) Auch Schokolade schmilzt unter dem Einfluss von Hitze und lässt sich durch Kälte wieder verfestigen.

Die Welt um uns herum:
Kräfte

Sie müssen kein Experte für Naturwissenschaften sein, um einem Kind zu helfen, mehr über die Welt ringsum zu lernen. Sie müssen es nur auf das aufmerksam machen, was passiert. Hier sind ein paar Ideen für Ihren nächsten Besuch im Park oder Ihre nächste „Backstunde" mit den Kindern.

Kräfte spielen in unserem Leben eine wichtige Rolle. Wir können sie nicht sehen, doch wir können mit Sicherheit ihre Auswirkungen sehen und wir würden es ganz bestimmt merken, wenn sie nicht da wären!

 ### Was Kinder wissen müssen

Das Verständnis von Kräften erfordert abstraktes Denken und junge Kinder sind noch nicht dazu in der Lage. Doch sie können erfahren und anfangen zu beschreiben, was passiert, wenn Kräfte wirken. Sie können anfangen, über Ursache und Wirkung nachzudenken, z.B.: „Ich möchte, dass dieser Wagen sich bewegt – ich muss ihn schieben" oder „Wenn ich meinen Ball fallen lasse, fällt er auf den Boden."

Kinder machen solche Dinge und denken nicht unbedingt darüber nach. Sie als Erwachsener müssen nur ihre Aufmerksamkeit auf das lenken, was passiert, und ihnen mit der Sprache helfen, die diese Phänomene beschreibt. Sie brauchen nicht die verschiedenen Kräfte zu benennen, doch sie brauchen Wörter wie „ziehen", „schieben", „drehen", „schnell", „langsam" und „anhalten".

 ### Im Park

Wo sich etwas bewegt, sind Kräfte am Werk. Stellen Sie sie sich als „Schubser", Zug oder Drehung (eine Kombination aus schubsen und ziehen) vor. Was braucht man, um eine Schaukel in Schwingungen zu versetzen oder eine Wippe zu bewegen?

Die Welt um uns herum: Kräfte

 ## Windkraft

Spüren Sie den Druck des Windes auf Ihrem Gesicht. Laufen Sie mit einem langen Band in der Hand und sehen Sie, wie es sich im Wind bewegt. Was kann man daran ablesen? Was macht der Wind mit den Blättern im Baum? Sehen Sie sich die Wolken an – in welche Richtung ziehen sie?

 ## Backen

Denken Sie an die Kraft, die Sie aufwenden, um Brot- oder Plätzchenteig zu kneten. Wie bekommen Sie den Teig flach? Wie verwandelt man einen Klumpen Margarine in eine schaumige Creme? Was machen Sie, um ein Ei aufzuschlagen?

Hintergrundinformation:

Kräfte können ...

 ... etwas in Bewegung setzen (Zug-, Schub- oder Schwerkraft)

 ... ein Ding, das sich bewegt, beschleunigen (Zug- oder Schubkraft verstärken)

 ... ein Ding, das sich bewegt, zu einem Richtungswechsel veranlassen (einen Ball mit einem Schläger schlagen)

 ... ein Ding, das sich bewegt, verlangsamen (Bremsen anziehen)

 ... ein Ding, das sich bewegt, anhalten (den Ball fangen)

 ... vorübergehend die Form eines Gegenstandes verändern (Teig ausrollen)

 ... permanent die Form eines Gegenstandes verändern (den Knoblauch zerdrücken)

Materialien erkunden

Helfen Sie dem Kind, von alltäglichen Vorkommnissen zu profitieren, und geben Sie ihm die Möglichkeit, verschiedene Materialien zu betrachten, zu ertasten, zu riechen und zu schmecken.

Jedes Mal, wenn Sie zu einem Kind sagen „Zieh deinen Anorak an, es ist kalt draußen" oder „Heute brauchen wir keinen Anorak und keine Jacke, es ist wunderbar warm" oder „Wir brauchen einen Schirm, es regnet", dann geben Sie ihm eine kleine wissenschaftliche Lektion. Das Kind lernt etwas über das Material, aus dem sein Anorak, seine Jacke oder der Schirm gemacht sind; es lernt, dass der Anorak und die Jacke aus Materialien gemacht sind, die warmhalten, und dass der Schirm wasserdicht ist.

Helfen Sie ihm beim Lernen, indem Sie seine Aufmerksamkeit darauf richten, Wörter wie „warm" und „wasserdicht" zu verwenden, und es fragen, ob es weiß, was wasserdicht bedeutet. Fragen Sie das Kind, warum wir bei Kälte einen Mantel anziehen und eine Jacke, wenn es nicht ganz so kalt ist. Kennt es andere Dinge, die ebenfalls wasserdicht sind? Kann es andere Dinge benennen, die auch warmhalten wie Mützen, Handschuhe und Schals? Wenn Sie mit Kindern backen, sehen Sie sich die Zutaten, die Sie verwenden wollen, genau an. Lassen Sie die Kinder alles anfassen, ein bisschen probieren und beschnuppern. (Vorsicht: Keine rohen Eier probieren!) Was passiert, wenn man alles zusammenrührt? Worin besteht der Unterschied zwischen dem ungebackenen und dem gebackenen Teig? Hat sich der Teig unwiderruflich verändert oder könnten wir die Rohmaterialien zurückbekommen? Auf diese Weise regen Sie die Kinder an, sich mit der Frage zu beschäftigen, wie sich Materialien verändern, wenn sie gebacken werden. Dies sind erste Lektionen in Chemie! Das Backen bewirkt einen chemischen Vorgang in den Zutaten, der sich nicht umkehren lässt.

Wichtig: Bringen Sie Kindern bei, dass sie unbekannte Sachen nur dann in den Mund nehmen oder daran riechen sollen, wenn ein Erwachsener ihnen sagt, dass es ungefährlich ist.

Kenntnis und Verstehen der Welt:

In der Schule oder im Kindergarten knüpfen diese Lerninhalte an eines der Lernziele für den Lernbereich „Natur und kulturelle Umwelt" an. Hierbei sollen die Kinder „Gegenstände und Materialien untersuchen, indem sie alle Sinne angemessen einsetzen. Kinder sollten außerdem die Möglichkeit haben, etwas über lebendige Wesen, Gegenstände und Ereignisse, die sie beobachten, herauszufinden und einige ihrer charakteristischen Merkmale identifizieren."

Spiegelungen untersuchen

Kinder interessieren sich schon sehr früh für glänzende Gegenstände, die das Licht reflektieren. Sie finden Spiegel faszinierend, in denen sie sich selbst betrachten können.

Helfen Sie dem Kind, etwas über Spiegelungen zu lernen und untersuchen Sie glänzende Gegenstände, wie z.B. Löffel, Alufolie, Glasscheiben usw.

Helfen Sie dem Kind durch gemeinsames Spielen, Kommentieren und Fragenstellen, aufmerksamer zu werden. Helfen Sie ihm zu sehen, wie glänzende Gegenstände Licht reflektieren und wie unser Spiegelbild manchmal verzerrt ist, wenn die glänzenden Gegenstände oder Spiegel gewölbt sind. Machen Sie Seifenblasen und sehen Sie sich die Reflexionen an. Was kann man sehen? Sehen die reflektierten Sachen größer oder kleiner aus als sie eigentlich sind?

Füllen Sie eine dunkelfarbige Schüssel/Teller mit Wasser. Lassen Sie das Kind hineinsehen. Was sieht es? Was passiert, wenn man auf der Wasseroberfläche kleine Wellen erzeugt? Kann man sich noch darin spiegeln?

Veranstalten Sie eine Spiegelsafari. Versuchen Sie, die folgenden Dinge zu finden:
- Schminkspiegel
- Autospiegel
- Dreiteiliger Spiegel
- Flur-/Toilettenspiegel

Was fällt dem Kind auf, wenn es in den Schminkspiegel oder den dreiteiligen Spiegel sieht? Lassen Sie es sich in anderen glänzenden Gegenständen betrachten. Versuchen Sie es mit:
- einem Suppenlöffel (Vorder- und Rückseite)
- einem glänzenden Wasserkessel
- der Fensterscheibe
- Glanzpapier
- Weihnachtskugeln usw.

Aus einer Hälfte wird ein Ganzes:

Nehmen Sie die Vorlagen (halber Bär, halbe Blume, Halbkreis). Zeigen Sie den Kindern, wie sie den Spiegel halten müssen, um aus den halben Vorlagen je ein Ganzes zu machen. Versuchen Sie, selbst halbe Bilder zu malen und damit zu experimentieren: Sie können ein halbes Gesicht, ein halbes Tier oder einen halben Menschen nehmen.

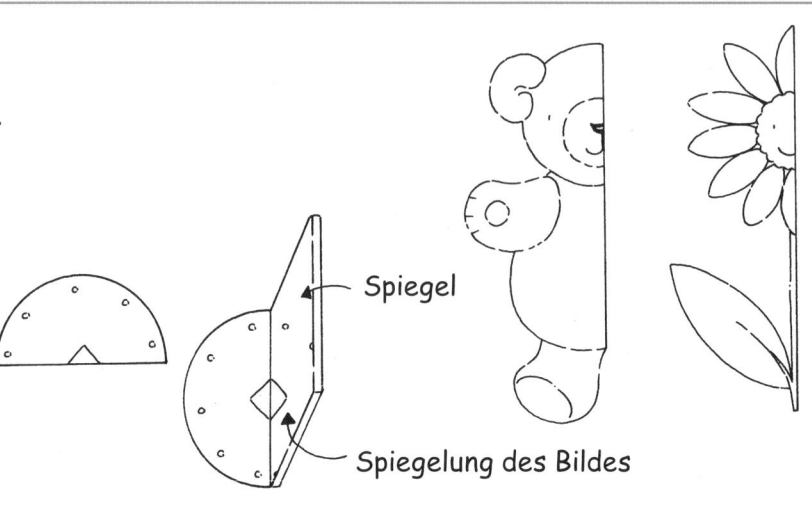

Spiegel

Spiegelung des Bildes

Der Zauber der Magnete

Viele Kinder spielen zu Hause mit magnetischen Buchstaben und Zahlen. Sie kennen Magnete, die an Kühlschranktüren und Pinnwänden kleben, und besitzen vielleicht Baukästen mit magnetischen Teilen. Sie können ihnen mit den folgenden Aktivitäten helfen, mehr über Magnete zu lernen.

Probieren Sie Kühlschrankmagnete an anderen Gegenständen aus, z.B. an Töpfen, Pfannen, Backblechen, Küchenutensilien usw. Probieren Sie sie an Schranktüren, Plastikbehältern und Holzlöffeln aus. Sprechen Sie mit den Kindern über die Materialien, aus denen die Sachen hergestellt sind. Spielen Sie ein Spiel, bei dem ein Kind Dinge aus verschiedenen Materialien finden soll: Metall, Plastik, Holz, Papier. Sprechen Sie über die verschiedenen Materialien und benennen Sie sie. Legen Sie unterschiedliche Materialien auf ein Tablett und fragen Sie die Kinder, ob die Magnete ihrer Meinung nach daran haften bleiben. Probieren Sie aus, ob die Kinder mit ihren Vermutungen richtig lagen. (Sie könnten Gegenstände wie Haarspangen, Büroklammern, Reißzwecken, Holzperlen und Papierschnipsel nehmen.)

 ## Was sind Magnete?

Sie sollten nicht das Gefühl haben, dass Sie Kindergartenkindern diese Informationen beibringen müssen. Für das Kind ist es in diesem Stadium wichtig zu experimentieren, zu untersuchen und über das zu sprechen, was sie sehen. Wenn sie älter sind, haben sie reichlich Gelegenheit, auf diese frühen Erkenntnisse aufzubauen.

- Magnete ziehen Eisen und Stahl an, also nicht alle Metalle.
- Magnetische Anziehungskraft kann Dinge in Bewegung versetzen und hochheben.
- Magnete haben zwei Pole, den Südpol und den Nordpol.
- Ein Magnet kann Sachen aus Eisen oder Stahl vorübergehend in Magnete verwandeln.
- Die anhaltende Anziehungskraft in einem Magneten hat mit der besonderen Anordnung der Elementarteilchen im Inneren des Eisens oder des Stahls zu tun, aus dem der Magnet gemacht ist. Aus diesem Grund verlieren Magnete ihre Anziehungskraft, wenn sie herunterfallen oder man kräftig dagegenstößt, weil dann die Elementarteilchen anders angeordnet werden.

Nicht vergessen!
Bringen Sie Magnete nicht in die Nähe von Bank- oder Kreditkarten oder von Kassetten oder Armbanduhren!

Mit Wasser spielen

Spiele mit Wasser lassen sich ohne viel Aufwand gut durchführen – im Bad, in der Küche, am Waschbecken oder im Plansch-becken im Sommer. Damit es richtig Spaß macht, müssen Sie kein Vermögen ausgeben. Hier sind ein paar Ideen.

Ein Kind lernt verschiedene Dinge, wenn es mit Wasser spielt. Es lernt:

- seine Bewegungen zu kontrollieren und dabei seine Feinmotorik einzusetzen.
- dass Volumen veränderbar ist.
- dass Gewicht und Gleichgewicht miteinander zu tun haben.
- wie „mehr" aussieht.

- was „weniger" in der Praxis bedeutet.
- dass einige Sachen schwimmen und andere untergehen.
- dass einige Sachen manchmal schwimmen und manchmal untergehen.
- dass „groß nicht in klein passt".
- dass „klein oft in groß passt".

Abwaschen

Die meisten Kinder stehen gern neben Ihnen am Waschbe-cken, um beim Spülen zu „helfen". Mit etwas Übung sind sie in der Lage, mit nassem Besteck und Geschirr zu hantieren. Wenn Sie Angst haben, dass etwas zu Bruch geht, geben Sie dem Kind eine eigene Schüssel und etwas Plastikgeschirr. All das hilft, die wichtigen feinmotorischen Fertigkeiten im Umgang mit Gegenständen zu fördern.

Spielmaterial – kostenlos!

Warum nicht leere Spülmittelflaschen, leere Spritzflaschen, Jogurtbecher und andere Behälter sammeln? Bohren Sie in einige Behälter Löcher, sammeln Sie Behälter in unterschied-lichen Größen und geben Sie dem Kind außerdem Plastik-becher und -tassen.

Einen Wassergarten gestalten

Kinder lieben Wassergärten. Geben Sie ihnen das nötige Zubehör und lassen Sie sie dann experimentieren. Da-mit kann sich manches Kind lange beschäftigen, denn die Sachen werden angeordnet und dann wieder neu sor-tiert, bis das Kind zufrieden ist. In Tierhandlungen gibt es Plastikwannen. Sie lassen sich mit lebendigen Fischen und Pflanzen oder mit Plastikfi-schen besiedeln. Eine Schnur um den Plastikfisch, die an einem Stein befestigt wird, verhindert, dass der Fisch an der Oberfläche treibt und hält ihn unter Wasser. Stat-ten Sie die Wanne mit Pflan-zen aus und legen Sie Stei-nen aus dem Garten hinein. Wenn alles in der Wanne ge-ordnet ist, füllen Sie sie mit Wasser auf und die Kinder können beobachten, was sich darin tut. Vergessen Sie nicht, lebendige Tiere wieder in ihre ursprüngliche Umge-bung zurückzubringen!

Schwimmen und untergehen

Selbst ganz normale Erledigungen im Haushalt lassen sich einfach in ein wissenschaftliches Experiment verwandeln: Stellen Sie Fragen und ermuntern Sie das Kind, alles ringsum zu beobachten und darüber nachzudenken. Wer hätte gedacht, dass der täglich Abwasch eine pädagogisch wertvolle Aktivität ist? Alle der folgenden Ideen für zu Hause haben mit schwimmen und untergehen zu tun, lassen sich aber auch leicht in den Kindergartenalltag übertragen.

- Sprechen Sie über Dinge, die auf dem Wasser schwimmen.

- Überlegen Sie, ob ein bestimmter Gegenstand wohl schwimmt oder nicht.

- Probieren Sie es aus und beobachten Sie, was passiert.

- Helfen Sie dem Kind, Wörter wie „schwimmen, treiben, untergehen, schwer, leicht, Oberfläche, über, unter, tief, flach" zu verstehen.

 ## Was lernen Kinder dabei?

Kinder beobachten, dass kleine, schwere Dinge dazu neigen, unterzugehen, und größere, leichte Dinge an der Oberfläche treiben. Sie müssen wissen, dass die Entscheidung, ob ein Gegenstand schwimmt oder untergeht, nicht mit seiner Größe zu tun hat – ein großes schweres Schiff kann schwimmen. Sie hängt auch nicht mit seiner Form zusammen. Testen Sie eine Reihe runder Gegenstände – eine Murmel, einen Golfball, einen Plastikball, eine Orange, eine Zwiebel. Auf diese Weise beginnen Kinder, einige der Grundideen zu erfassen, die sie später brauchen werden.

 ## In der Abwaschschüssel

Stellen Sie eine Sammlung von Gegenständen zusammen (Papier, Steine, Kunststoff, Holz, Stoff, etwas aus Metall). Lassen Sie die Kinder überlegen, was wohl schwimmt und was nicht, und testen Sie dann nacheinander jeden Gegenstand.

 ## Im Park

Beobachten Sie, was auf Pfützen oder in einem Teich schwimmt, z.B. Blätter, Froschlaich, einige Enten, Blasen oder ein Ast.

Am Meer

Sprechen Sie über Boote, Yachten, Meeresalgen oder nehmen Sie ein Bilderbuch zu Hilfe. Weiß das Kind, dass ein Eisberg schwimmt? Versuchen Sie, einen Eiswürfel im Wasser schwimmen zu lassen.

 ### Im Schwimmbad

Sehen Sie sich an, was Menschen als Auftriebshilfen im Wasser verwenden: Schwimmflügel, Schwimmreifen und -bretter, Poolnudeln. Warum ist es schwieriger, im Wasser zu gehen als an Land? Drücken Sie ein Schwimmbrett oder eine andere Auftriebshilfe unter Wasser, die normalerweise schwimmt. Wie fühlt es sich an?

 ### In der Badewanne

Vergleichen Sie, was mit einem Plastikboot, einem Schwamm und einem Stück Seife passiert. Lassen Sie einen trockenen Schwamm auf dem Wasser schwimmen. Drücken Sie ihn unter Wasser und drücken Sie ihn aus. Beobachten Sie die Luftblasen, die an die Wasseroberfläche steigen. Versuchen Sie noch einmal, den Schwamm schwimmen zu lassen. Lassen Sie eine Plastikflasche schwimmen. Füllen Sie sie dann nach und nach mit Wasser. Machen Sie sie jedes Mal wieder zu und beobachten Sie, was passiert, wenn Sie sie ins Wasser legen.

Aus Abfällen basteln

Ist Ihnen schon einmal aufgefallen, wie viele leere Packungen und Schachteln Sie jede Woche wegwerfen? Ist Ihnen jemals der Gedanke gekommen, daraus eine Rakete, einen Lastwagen oder einen Wolkenkratzer zu bauen? Sie sind das perfekte Baumaterial für eine einfache Aktivität, bei der ein Kind lernt, über Gestaltungsmöglichkeiten nachzudenken und wichtige Fertigkeiten wie Schneiden und Verbinden einzuüben – die ersten Schritte in Richtung Technik.

Sammeln Sie in den nächsten Wochen Ihre leeren Pakete und Schachteln, z.B. leere Cornflakes- und Teepackungen, Zahnpasta- und Brühwürfelschachteln, Jogurtbecher und runde Käseschachteln. Sammeln Sie so viele unterschiedliche Formen und Größen wie möglich. Sie brauchen außerdem auswaschbaren Kleber, Pinsel oder Spachtel, Klebeband und Pulverfarben, falls Sie die fertigen Modelle anmalen wollen.

Abfall wird eine völlig neue Bedeutung bekommen. Problematisch wird es, wenn Sie anfangen, Dinge zu kaufen, die Sie normalerweise nicht brauchen, nur weil Sie die Schachtel haben möchten!

- Decken Sie einen Tisch mit einer Plastikdecke oder mit Zeitungspapier ab. Breiten Sie alle verfügbaren Schachteln aus und fragen Sie die Kinder, was sie gerne basteln möchten. Zunächst macht es ihnen vielleicht einfach Spaß, die Schachteln ineinander- oder aufeinanderzustapeln. Für junge Kinder ist der Vorgang oftmals wichtiger als das Produkt. Achten Sie darauf, dass Sie nicht zu viel von ihnen verlangen, bevor sie bereit sind.

- Nach einer Phase des Stapelns und Hineinsteckens entscheidet sich das Kind vielleicht, ein Modell zu bauen – einen Bus, ein Haus, eine Rakete usw. Versuchen Sie zu helfen, ohne zu bestimmend zu werden, sodass das fertige Modell wirklich die Schöpfung des Kindes ist. Sie könnten etwa sagen: „Wie wär's mit diesen runden Schachteln als Räder?" Oder Sie zeigen dem Kind eine neue Klebetechnik, wenn der Zeitpunkt angemessen ist: wie man z.B. Kisten mit Klebeband oder Gummiringen zusammenhält, während der Kleber trocknet. Oder wie man ein Loch in ein Pappstück macht, indem man mit einem Bleistift durch die Pappe in einen Klumpen Knete bohrt.

- Lassen Sie das Kind das fertige Modell anmalen, wenn es möchte.

 Hilfreicher Tipp:

Die Farbe hält besser auf glänzenden Oberflächen und Plastik, wenn Sie sie mit etwas Holzleim vermischen. Verdünnen Sie den Holzleim vorher mit etwas Wasser, damit man ihn besser verstreichen kann.

Deckelparade

Wer braucht teure Spielsachen und Ausstattungen, wenn Sie ausgemusterte Haushaltsgegenstände noch gut nutzen können?

Sie werden erstaunt sein, was Sie mit ein paar Deckeln und Verschlüssen anstellen können!

Legen Sie eine möglichst große und vielfältige Deckelsammlung an, die die Kinder erkunden und mit denen sie spielen können. Deckel sind wirklich preiswerte, aber nützlich Spielmaterialien – egal, woher sie kommen, welche Form und welche Größe sie haben. Hier sind ein paar Vorschläge:

- Flaschendeckel

- Deckel von Wasch- oder Reinigungsmitteln (einige haben kleine Messbecher)

- Deckel von Butter- oder Margarinedosen

- Schraubverschlüsse von Kaffee-, Saucen-, Creme-, Marmeladengläsern

- Kappen von Deodorants, Haarpflegeprodukten, Zahnpastatuben

- Deckel und Verschlüsse, die hochgeschnappt, aufgedreht, zugedrückt oder hochgezogen werden.

- Deckel und Verschlüsse aus allen möglichen Materialien: Metall, Plastik, Silber, Keramik, Kork. Wie wäre es mit einem Glasstopfen? Kinder sollten lernen, dass man mit manchen Materialien vorsichtig umgehen muss. Reinigen Sie die Deckel und achten Sie darauf, dass sie sauber sind, bevor Sie sie an die Kinder weiterreichen.

Hier sind einige Aktivitäten mit Deckeln:

Legen Sie die Deckelsammlung auf den Tisch oder auf dem Boden aus und lassen Sie die Kinder damit spielen. Können sie feststellen, was für Deckel es sind? Setzten Sie sich dazu und überlegen Sie gemeinsam: Für welchen Behälter könnte dieser Deckel sein? Wie funktioniert er? Haben wir etwas im Kindergarten, das einen solchen Deckel hat? Aus welchem Material ist er? Welche Form hat er? Was würde passieren, wenn wir keine Deckel hätten?

Sortieren Sie eine Gruppe von identischen Deckeln aus. Kleben Sie bunte Punkte, Zahlen oder kleine Bilder auf die Innenseite der Deckel. Achten Sie darauf, dass Sie von jedem Modell zwei (oder mehr) haben. Wenn Sie mit der Bastelarbeit fertig sind, verteilen

Sie die Deckel mit der beklebten Innenseite nach unten auf einem Tisch und lassen die Kinder die Paare finden.

Legen Sie ein paar Deckel in einen Schuhbeutel oder einen Kissenbezug, sodass die Kinder sie nicht sehen können. Zeigen Sie ihnen einen Deckel, der mit einem im Beutel identisch ist, und lassen die Kinder im Beutel nach dem Pendant suchen – aber ohne zu linsen!

Hinweis: Sehen Sie sich die Deckel in regelmäßigen Abständen an und vergewissern Sie sich, dass sie sauber sind und keine zersplitterten, scharfen Kanten haben. Achten Sie darauf, dass Sie kleinen Kindern keine Deckel geben, die sie herunterschlucken könnten.

Problemlösungen lernen

Im Laufe ihrer Erkundungen treffen Kinder in ihrer Umgebung auf Sachen, die sie nicht verstehen. Oft wollen sie wissen, warum etwas so aussieht, wie es aussieht, oder sich so verhält, wie es sich verhält. Die Art, wie Sie auf ihre Fragen reagieren, löst nicht nur manches Rätsel für die Kinder (falls Sie die Antwort wissen), sondern kann auch zur Entwicklung einer positiven Lernhaltung beitragen.

Junge Kinder lernen auf unterschiedliche Arten – durch das Spiel mit verschiedenen Materialien, durch die Beobachtung anderer Leute und durch das Gespräch über Sachen, die sie sehen und tun. Eine wichtige Art zu lernen, stellt das Lösen von Problemen dar, denn es fördert die Denkfähigkeit der Kinder. Probleme tauchen jeden Tag auf. Ein Kind ist vielleicht in der Lage, einige davon selbst zu lösen, doch bei anderen benötigt es Ihre Hilfe. Es gibt viele Situationen, in denen Sie dem Kind helfen können, ein sicherer Problemlöser zu werden.

 ## Ideen für Zuhause und für den Kindergarten:

- Das abendliche Bad ist eine Gelegenheit für Herausforderungen: Kann Ihr Kind herausfinden, wie es das Boot zum Sinken bringt? Das Wasser ist zu heiß – was sollten wir tun?

- Wenn die dreijährige Nina sich die Socken anzieht, landet die Ferse häufig oben auf dem Fuß. Es ist leichter und viel schneller, ihr die Arbeit abzunehmen und die Socke zu verdrehen, doch Ninas Eltern möchten, dass sie so selbstständig wie möglich wird, und geben ihr daher die Zeit, den Teil ihres Fußes zu finden, der in die Ausbuchtung in der Socke passt. Auf diese Weise lernt Nina, Hinweise zu verwerten, die ihr bei der Problemlösung helfen. Und außerdem lernt sie etwas über einen Teil ihres Körpers.

- Alltägliche Erfahrungen lassen sich in Problemlöse-Übungen mit lernfördernder Wirkung verwandeln. Wenn ein Getränk verschüttet ist, kann das Kind sich überlegen, wie man es am besten wegwischt – mit einem Putzlappen oder einem Küchentuch. Was saugt besser?

Das Erinnerungsvermögen spielt eine wichtige Rolle bei erfolgreicher Problemlösung. Es gibt eine Reihe von Spielen, die Kindern Spaß machen und zugleich ihre Fähigkeit schulen, sich zu erinnern. Bei Kim-Spielen geht es darum, sich ein paar Gegenstände auf einem Tablett gut anzusehen, sie zuzudecken und zu versuchen, sich an so viele Gegenstände wie möglich zu erinnern.

Spielen und Lernen

Wenn Eltern ihre Kinder fragen, was es im Kindergarten gemacht hat, bekommen sie häufig zur Antwort: „Wir haben nur gespielt!" Machen Sie sich deswegen keine Sorgen – es ist ein gutes Zeichen, denn Spielen ist wichtig für die Entwicklung!

Warum spielen?

Das Spielen hilft jungen Kindern, eine Beziehung zu anderen aufzubauen, ihre Gefühle auszudrücken, die (oft verwirrende) Welt um sie herum zu verstehen, fantasievoll und kreativ zu werden, Sprache mit unterschiedlichen Absichten einzusetzen und ihr Denkvermögen zu schulen. Wissenschaftliche Erkenntnisse belegen, dass junge Kinder, die die Möglichkeit zu qualitativ hochwertigem Spiel haben, im späteren Leben auf akademischem wie auf sozialem Gebiet besser abschneiden als Kinder, die einen „formellen Unterricht" durchlaufen haben. Eine der Ursachen liegt darin, dass Kinder, die durch gut geplante Spiele lernen, stärker motiviert sind und sich seltener langweilen.

Ermutigen zum Spielen

Wenn ein Kind ans Meer gefahren oder mit in ein Café gegangen ist, will es diese Erfahrungen im Spiel nacherleben. Nach einem Besuch eines Cafés könnte das Kind z.B. eine Speisekarte herstellen. Nehmen Sie sich die Zeit, mit dem Kind Erfahrenes nachzuspielen. Überlassen Sie dem Kind die Führung und Sie werden feststellen, was es schon alles weiß und kann. Sprechen Sie mit dem Kind darüber, was es durch Spiele im Kindergarten gelernt hat. Ermuntern Sie die Eltern des Kindes, ihm zu Hause ähnliche Spielmöglichkeiten zu geben. Lernergebnisse, die durch Spiel gewonnen wurden, sind vielleicht nicht so leicht zu erkennen, halten aber lange vor und sind wertvoller als das Ausmalen eines Arbeitsblattes.

Welche Arten von Spielen brauchen Kinder?

Zum Lernen brauchen Kinder Spiele, drinnen und draußen, allein und mit Freunden. Achten Sie darauf, dass die Kinder die folgenden Spielmöglichkeiten haben, sowohl zu Hause als auch in ihrem Kindergarten:

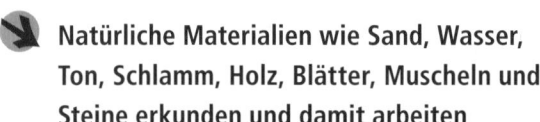 Natürliche Materialien wie Sand, Wasser, Ton, Schlamm, Holz, Blätter, Muscheln und Steine erkunden und damit arbeiten

Mit Kisten, Decken, Bausteinen und Bausystemen Sachen bauen und herstellen – oft werden Fantasiewelten wie Höhlen und Raumschiffe geschaffen

Körperliche Betätigung auf Dreirädern, Spielautos oder Klettergerüsten

Rollenspiele aus der Welt der Erwachsenen (Vater und Mutter, Doktor, Tierarzt oder Ladenbesitzer) oder aus der Welt der Erzählungen und Geschichten. Diese Art von Spiel ist eine wichtige Grundlage für die Fähigkeiten als Schreiber und Geschichtenerzähler.

Miniaturwelten erkunden, z.B. Puppenhaus, Modelleisenbahn oder Spielzeugbauernhof

Spielmaterialien müssen nicht teuer sein. Erinnern Sie sich, was Sie mit einem alten Blechtablett, einem Pappkarton oder einem Besen anstellen konnten!

Farben lernen

Die Farben zu lernen ist eine der ersten Fähigkeiten, die ein Kleinkind erwirbt. Sie können Kindern dabei helfen – aber **vergessen Sie nicht, dass es Spaß machen soll! Hier eine Ideenliste für Eltern, die sich auf den Kindergartenalltag übertragen lässt.**

Das Wichtigste ist, dass Sie Zeit mit Ihrem Kind verbringen, Sachen mit ihm machen und zusammen spielen. Das Zweitwichtigste ist, dass Sie über die Dinge sprechen, die Sie zusammen unternehmen, und über die Welt um Sie herum. Hören Sie sich genau an, was Ihr Kind zu sagen hat und wofür es sich interessiert.

Es gibt so viel zu lernen: „Ist das ein Hund oder eine Katze?", „Ist das ein Stuhl oder ein Sofa?" und „Ist das ein Kleid oder ein Rock?" In dieser Phase sind Farben nur ein weiterer Baustein im Wortschatz; Farbennamen werden meist genannt, wenn jemand sie kurz zuvor erwähnt hat oder weil dem Kind der Klang des Wortes gefällt. Wenn Sie jedoch immer wieder Farben in Ihre Beschreibung von Dingen einflechten, wird Ihr Kind allmählich die nötige Verbindung herstellen, ohne die es die Farbennamen nicht sinnvoll einsetzen kann.

Wie Sie helfen können

- Geben Sie Gegenständen ihre Farbe, wenn Sie über sie reden, z.B. „Jans Tür ist schwarz", „Dieses Auto ist rot", „Zieh deine roten Stiefel an" oder „Möchtest du eine schöne orangefarbene Möhre?"

- Zeigen Sie auf Farben in Ihrer Umgebung: „Sieh mal, ein roter Bus", „Ein gelber Bagger", „Das grüne Gras und der blaue Himmel".

- Weisen Sie auf gleiche Farben hin, z.B. „Dein Mantel ist blau, genau wie Mamas" oder „Oh, sieh nur, du hast in deinem Bild grün verwendet – wie unser Wasserkessel" und wiederholen Sie die Farbennamen zur Betonung, wenn Sie darauf zeigen: „blau und blau", „grün und grün".

Wenn Kinder zu begreifen beginnen, was Farben sind, lassen Sie sie etwas aktiver werden. Zeigen Sie ihnen bunte Farbstifte und fragen Sie: „Welche Farbe möchtest du?" Zuerst werden sie nur zeigen und Sie können den Farbennamen sagen. Später versuchen sie, den Farbennamen selbst zu nennen, und Sie sollten bestärken und ermuntern und den richtigen Namen betonen, ohne dabei kritisierend zu wirken.

Grüner Baum!

Rote Blumen!

Kinder lernen:

- durch Spiele.
- durch Wiederholungen.
- durch Sprache, die ihr Spiel unterstützt.
- durch die Unterstützung von liebevollen Erwachsenen.

Farbige Unterhaltungen

Kinder brauchen lange, bis sie das Konzept „Farbe" begreifen, doch es gibt viele Möglichkeiten, ihnen zu helfen.

Hier eine Ideenliste für Eltern, die sich leicht auf den Kindergartenalltag übertragen lässt.

Farben erkennen

Sie könnten zu Hause einen Farbentag einführen. Lassen Sie Ihr Kind Anziehsachen in der gewählten Farbe aussuchen. Spielen Sie „Farbe erkennen" oder „Ich sehe was, was du nicht siehst", während Sie zum Kindergarten oder zum Supermarkt gehen. Falls Sie mit dem Auto unterwegs sind, weisen Sie auf die Ampelfarben und ihre Bedeutung hin oder auf die roten und grünen Fußgängerampeln. Unternehmen Sie eine Farbenjagd im Haus und sammeln Sie Sachen – Spielzeuge, Knöpfe, Küchenutensilien, Kleidung – in derselben Farbe.

Technicolor-Kochkunst

Sie könnten etwas Einfaches backen, dazu eine Backmischung oder Zuckerguss mit Lebensmittelfarbe mischen und das fertige Backwerk mit kleinen bunten Süßigkeiten verzieren. Wenn Sie mutig sind, mischen Sie Lebensmittelfarbe unter den Kartoffelbrei: Manchmal sind es die bizarren Dinge, an die sich ein Kind noch lange erinnert.

Rot sehen

Machen Sie einen Besuch an einem Ort, der viel mit der Farbe Ihrer Wahl zu tun hat: Grün für den Park, Rot für die Feuerwehrstation und Gelb für das Postamt.

Besondere Geschichten

Gehen Sie in Ihre Stadtbücherei und suchen Sie ein Buch, das mit der gewählten Farbe zu tun hat. Wie wär's mit „Rotkäppchen" oder einem Buch mit einem braunen Bär auf dem Einband?

Sie brauchen keine teure Ausstattung oder teuren Spielsachen, um Ihrem Kind zu helfen. Sie brauchen nur ein bisschen Zeit und ein paar Ideen, um auf das Offensichtliche hinzuweisen. Machen Sie Ihre Gespräche bunter: „Wir fahren mit dem grünen Bus", „Zieh deine roten Stiefel an."

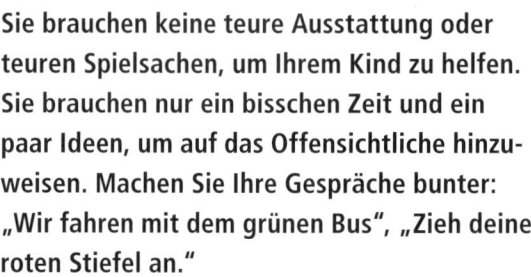

Draußen sein

Draußen können Kinder umherlaufen und Dampf ablassen, doch sie können außer ihrem Körper auch ihren Geist trainieren und etwas dazulernen.

Egal ob im Kindergarten, zu Hause oder im Park: Draußen zu sein, bedeutet für junge Kinder, eine ganz neue Welt zu entdecken. Sie können erkunden und untersuchen, fragen und staunen, träumen und fantasieren. Und ob Sie es glauben oder nicht: Sich draußen zu bewegen, hat ebenso viel mit Mathematik und Naturwissenschaften zu tun wie damit, dass die Kinder stark, ausdauernd und selbstsicher werden und sich wohl fühlen.

 ## Graben und mischen

Teilen Sie einen kleinen Bereich im Garten ab, in dem Kinder graben können. Geben Sie ihnen ein paar kleine, aber brauchbare Werkzeuge, einige Behälter, Blumentöpfe, Siebe und eine Wasserkanne und lassen Sie der Fantasie der Kinder freien Lauf! Vielleicht finden sie Würmer oder kleine Insekten. Sie können Steine sortieren und waschen und Muster mit ihnen legen oder einen verborgenen Schatz finden. Lassen Sie die Kinder Wasser und Erde zu einem imaginären Mittagessen oder zu imaginärem Zement mischen.

 ## Malen und verzieren

Eimer, Wasser, große Malpinsel und eine Farbrolle reichen für lange Stunden eifriger Malertätigkeit. Wände, Zäune und Pflastersteine können „übermalt" werden und Zeichen und Bilder erscheinen und verschwinden wieder, sobald das Wasser getrocknet ist. Diese Art des Zeitvertreibs trainiert weit ausholende Armbewegungen und bietet Gesprächsstoff zum Thema „Verdampfen" – wohin verschwindet das Wasser?

 ## Werfen und treffen

Hängen Sie einige leere Plastikflaschen und -behälter an eine Wäscheleine. Können die Kinder mit weichen Bällen danach werfen und sie treffen? Eine andere Möglichkeit ist, mit einem Tischtennisschläger nach den Behältern zu schlagen. Diese Aktivität übt motorische Fertigkeiten, Koordination, die Einschätzung von Entfernungen und eine Vorstellung von Kraft. Sie ist ideal für Kinder, die gerne werfen und Bälle schlagen.

Sie brauchen nicht unbedingt einen Garten, um all das nutzen zu können, was Kinder draußen vorfinden. Geben Sie den Kindern einen Kübel, in dem sie im Haus etwas anpflanzen können, hängen Sie ein Vogelhäuschen ans Fenster, suchen Sie draußen nach Insekten, sprechen Sie über Mond und Sterne am Nachthimmel – dies sind nur ein paar Möglichkeiten, die Natur als Quelle des Staunens auszuschöpfen.

Zurück zur Natur

Sie müssen nicht auf dem Land leben, um einen naturkundlichen Spaziergang unternehmen zu können. Auch in der Stadt gibt es viel zu entdecken: Moos wächst in Mauerritzen, Unkraut sprießt zwischen Pflastersteinen, Vögel wie Spatzen und Tauben fliegen umher. Suchen Sie ein Stück Brachland in Ihrer Umgebung nach Raupen oder Käfern ab oder gehen Sie in den Park.

 ## Einen Spaziergang machen

- Machen Sie eine vergnügliche und geruhsame Zeit für alle daraus.

- Gehen Sie in einem Tempo, das den Kindern angemessen ist, und passen Sie die Länge des Spaziergangs den Voraussetzungen der Kinder an.

- Folgen Sie den Kindern und zeigen Sie Interesse an ihren Entdeckungen.

- Kommentieren Sie die Fundstücke der Kinder: „Das ist ein rauher Stein", „Was für ein langer Zweig", „Ich sehe eine Assel!" Auf diese Weise lernen sie das passende Vokabular.

- Stellen Sie Fragen über das, was die Kinder sehen, und lassen Sie sie Erklärungen für einfache Fragen finden: z.B. „Warum laufen Käfer davon, wenn du einen Stein hochhebst?" (Stellen Sie nicht zu viele Fragen, denn sonst finden Kinder das Fragen langweilig und machen nicht mehr mit.)

- Schauen Sie nicht nur nach vorn und auf den Boden, sondern auch nach oben.

- Ermuntern Sie die Kinder, alle Sinne wie Tasten, Riechen, Hören und Sehen einzusetzen, warnen Sie sie aber davor, unbekannte Beeren zu essen.

Kinder sind von Natur aus neugierig. Informationen, die sie bei Spaziergängen sammeln, helfen ihnen, die Welt um sie herum und ihren eigenen Platz in dieser Welt zu verstehen. Junge Kinder lernen, indem sie ihre Sinne benutzen und über ihre Funde sprechen.

Kinder lieben es, Dinge aus der Natur zu sammeln. (Achten Sie darauf, dass sie nur Dinge sammeln, die nicht unter Naturschutz stehen.) Basteln Sie nach Ihrem Spaziergang eine Sammlerkiste: Unterteilen Sie einen Schuhkarton in einzelne Fächer und legen Sie die Sammlerstücke hinein. Decken Sie die Sammlung mit Frischhaltefolie ab, sodass sie sauber bleibt und man sie gleichzeitig betrachten kann.

Was wächst in deinem Garten?

Kinder finden Sachen faszinierend, die wachsen und sich verändern. Dabei gibt es viele Dinge, die Sie mit Kindern tun können, um ihr Interesse an der Gartenarbeit zu wecken, selbst wenn Sie keinen Garten haben.

 ## Für den Anfang

Um Interesse an Gärten und Gartenarbeit zu wecken, sind Gartenzeitschriften sehr gut geeignet: Kaufen Sie ein paar Ausgaben mit vielen bunten Bildern und sehen Sie sie sich mit den Kindern zusammen an. Sprechen Sie über das, was Sie sehen. Schneiden Sie Bilder aus und machen Sie daraus Kennzeichnungskärtchen oder Collagen. Es ist gar nicht nötig, viel Geld auszugeben. Gartenbücher und -zeitschriften finden Sie in Second-Hand-Läden und auf Flohmärkten.

Wie das Gärtnern den Kindern helfen kann:

 Das Gärtnern hilft dem Kind, seinen Wortschatz zu erweitern und fördert seine kommunikativen Fähigkeiten, wenn es Ihnen erzählt, was es vorhat oder schon gemacht hat.

 Es gibt ihm eine Möglichkeit, kreativ zu sein, wenn es einen Garten plant oder Töpfe verziert, in denen es etwas anpflanzen will.

 Die Fürsorge für etwas Lebendiges bringt das Kind dazu, über seine Rolle in der Familie und vielleicht in der Welt nachzudenken.

 Das Gärtnern ist gut geeignet, bestimmte Muskeln zu trainieren, die ein Kind braucht, um aktiver und abenteuerlustiger zu werden.

 Erfolg ist wichtig für junge Kinder: Zu sehen, wie dank ihrer Bemühungen aus einem winzigen Samen eine große Sonnenblume wird, stärkt ihr Selbstbewusstsein.

Schneiden Sie Bilder von Werkzeugen, Blumen, Töpfen und Kompostsäcken aus den Zeitschriften aus und machen Sie daraus ein Gartenplakat oder -bild. Schreiben Sie die Namen der abgebildeten Dinge dazu, damit das Kind mit dem Alphabet vertraut gemacht wird und Wörter kennenlernt, die mit der Gartenarbeit zu tun haben.

Was wächst in deinem Garten?

Gärtnern in Behältern

Wenn Sie kein Stück Land haben, auf dem Sie gärtnern können, legen Sie doch einen „Garten in Behältern" an. Diese können Sie drinnen und draußen aufstellen. Das Wichtigste ist, dass die Behälter Ablauflöcher im Boden haben. Darüber hinaus gibt es nichts zu beachten und die Kinder können ihrer Fantasie freien Lauf lassen. Suchen Sie unterschiedliche Behälter zusammen und verzieren Sie sie mit Gartenmotiven. Als Behälter eignen sich alte Gummistiefel, alte Waschbecken, Tröge, Autoreifen, ausgehöhlte Baumstämme oder Eimer.

Pflanzen aus Samen ziehen

Sammeln Sie unterschiedliche Behälter wie Margarine- und Jogurtbecher oder Aluschalen, in denen Sie Samen pflanzen können. Helfen Sie den Kindern, die Becher mit Farbe, Stoff und Collagematerialien zu verzieren. Statten Sie einem Gartencenter in der Nähe einen Besuch ab und suchen Sie mit den Kindern Samen aus. Zum Düngen brauchen Sie auch etwas Kompost.

- Bohren Sie Löcher in die Behälter und füllen Sie eine Lage Kompost ein. Die meisten Samen sät man knapp unter der Oberfläche – lesen Sie sich die Anweisungen auf den Samenpaketen durch.

- Säen Sie Samen in jeden Behälter und bedecken Sie sie locker mit einem Stück Klarsichtfolie (z.B. ein Frühstücksbeutel), sodass ein kleines Gewächshaus entsteht.

- Stellen Sie die Behälter auf Unterteller und stellen Sie sie an einen sonnigen Platz auf einer Fensterbank. Halten Sie sie feucht, indem Sie Wasser in die Unterteller geben. Auf diese Weise werden die neuen Triebe nicht beschädigt.

- Wenn die Triebe etwa 8 bis 10 cm groß sind, können Sie sie in den Garten oder in einen größeren Behälter umsetzen.

Spaß für kleine Gärtner

Gärtnern macht Spaß und man lernt dabei eine Menge. Sie brauchen keine teuren Gerätschaften oder Werkzeuge – Sie brauchen noch nicht einmal einen Garten!

Hier sind ein paar einfache Miniprojekte, die Sie im Kindergarten oder die Eltern zu Hause ausprobieren können.

 ## Eierkopf mit Kressefrisur

Lassen Sie Kresse im Innern einer Eierschale auf feuchter Watte sprießen. Bemalen Sie die Eierschalen mit lustigen Gesichtern. Wenn die Haarpracht aus Kresse gewachsen ist, kann man sie abschneiden und essen. Zeigen Sie den Kindern die pelzigen Wurzelhaare der Kressesamen, die auf der Watte wachsen. Wenn Sie den Eierkopf an einen hellen Platz auf einer Fensterbank stellen, wächst die Kresse zum Licht.

 ## Nicht wegwerfen!

Probieren Sie, wie viele ungewöhnliche Pflanzbehälter Sie aus den Sachen machen können, die Sie normalerweise wegwerfen. Achten Sie darauf, dass Sie alle Behälter vor Gebrauch gründlich ausspülen. Versuchen Sie folgende Behälter: Margarinebecher, Eiscremebehälter, Eierkartons aus Plastik oder Spielsachen.

 ## Struppige Sachen

Zeigen Sie Kindern, dass das Obst und Gemüse, das Sie im Geschäft kaufen, noch lebendig ist. Schneiden Sie 2,5 cm vom oberen Ende einer Ananas, einer Möhre oder einer Pastinake ab und legen Sie es auf etwas nasses Vermiculite (siehe: „Das brauchen Sie"). Halten Sie es feucht und bald können Sie sehen, dass aus den Pflanzenenden Blätter sprießen.

 ## Kerne und Steine

Zeigen Sie dem Kind, wo man in verschiedenen Früchten wie Äpfeln, Birnen, Pfirsichen, Kirschen, Trauben usw. die Kerne oder Steine findet. Pflanzen Sie sie ein. Die Kinder werden sich freuen, wenn sie wachsen. Pflanzen Sie viele ein – ein paar werden nicht angehen. Üben Sie sich in Geduld, denn einige brauchen lange, bis sie keimen.

 ## Kleines Gemüse, großer Spaß

Suchen Sie Samen für Miniaturgemüse wie Möhren, Kopfsalat, Blumenkohl, Paprikaschoten und Cherrytomaten. Pflanzen Sie sie ein. Denken Sie daran, die Teile der Pflanzen zu identifizieren: Möhren sind Wurzeln, Kopfsalat besteht aus essbaren Blättern und ein Blumenkohlkopf ist eine Blume. Kinder mögen Miniaturgemüse bestimmt viel lieber, wenn sie es selbst angepflanzt haben.

 ## Das brauchen Sie:

Watte, Eierschalen, Filzstifte, Kressesamen, Ananas, Möhre oder Pastinake, Vermiculite (ein Pflanzgranulat, erhältlich im Gartencenter), eine Auswahl an Früchten (z.B. Apfel, Birne, Traube, Pfirsich, Kirsche), kleine Blumentöpfe, Kompost, Samen für Miniaturgemüse.

Pflanzen und Tiere kennenlernen

Sicher haben Sie sich schon oft das Innere einer Blume angesehen oder gestaunt, wie ein Vogel sein Nest baut, doch für ein Kind sind dies neue und wunderbare Erfahrungen! Hier sind Vorschläge für gemeinsame wissenschaftliche Entdeckungen.

Kinder sind von Natur aus Wissenschaftler und stellen unablässig Fragen über die Welt um sie herum. Wenn es darum geht, diese Neugierde wachzuhalten, spielen Sie eine wichtige Rolle, indem Sie dem Kind die Möglichkeit geben, das zu untersuchen und zu erkunden, was uns wie ganz gewöhnliche Alltagsgegenstände, -ereignisse und -erfahrungen vorkommt. Lebewesen sind ein Teil unserer Welt und wir alle müssen etwas über sie erfahren und verstehen, was sie – und wir! – zum Überleben brauchen. Zur richtigen Zeit die richtigen Fragen stellen – damit regen Sie ein Kind zum Nachdenken an.

Pflanzen und Blumen

Sehen Sie sich im Garten oder bei Ausflügen nach unterschiedlichen Pflanzen um. Fragen Sie das Kind:

- Worin unterscheiden sie sich?
- Haben sie alle Blüten?
- Wo sind die Blüten an einem Baum?
- Haben alle Blätter dieselbe Farbe oder Form?
- Wie viele verschiedene Blumen kannst du im Garten finden?

Machen Sie sich nicht zu viele Gedanken um die Namen der verschiedenen Arten, obwohl die Kinder vielleicht Spaß an den Namen einiger alltäglicher Pflanzen wie Gänseblümchen, Löwenzahn oder Osterglocke haben. Das Wichtige ist, dass sie in der Lage sind, z.B. zwischen einer Blume und einem Blatt zu unterscheiden. Ermahnen Sie Kinder, keine wildwachsenden Blumen abzupflücken oder Blätter von Bäumen zu reißen. Es kann nie zu früh sein, über Naturschutz nachzudenken!

Sicherheitshinweis:

Kinder sollten wissen, dass wir bekannte Pflanzen und Pflanzenteile essen, dass es aber gefährlich sein kann, Sachen zu essen, die wir nicht kennen.

Pflanzen und Tiere kennenlernen

 ## Selbst pflanzen

Wenn möglich, überlassen Sie den Kindern einen Teil des Gartens, ein altes Waschbecken oder eine große Wanne, damit sie selbst etwas anpflanzen können. Erklären Sie, dass Samen sich zu neuen Pflanzen entwickeln und dass verschiedene Samen verschiedene Pflanzen hervorbringen. Kopfsalat und Radieschen wachsen ziemlich schnell. Eine Cherrytomate können Sie in unterschiedlichen Arten bekommen. Ein Wigwam aus Ruten in einer Wanne stützt eine Bohnenanpflanzung. Wer weiß, vielleicht kann die Gemüsegärtnerei ja auch einen widerstrebenden Gemüseesser überzeugen!

Pflanzen Sie Kartoffeln in eine große Wanne oder einen Eimer. Füllen Sie dazu den Eimer etwa zur Hälfte mit Kompost und pflanzen Sie die Kartoffel hinein. Wenn sich die ersten Blätter zeigen, bedecken Sie sie mit mehr Kompost. Das wiederholen Sie zwei- oder dreimal und nach ein paar Monaten können Sie das Ganze auf einer Plastikunterlage ausschütten und den verborgenen Schatz heben – viele kleine Kartoffeln. Je länger Sie die Pflanze in der Erde lassen, desto dicker werden die Kartoffeln. Wenn Sie zusammen gärtnern, lassen Sie das Kind die verschiedenen Teile einer Pflanze benennen – Blatt, Blüte, Stiel. Wo sind die Wurzeln?

 ## Tierbeobachtung

Sehen Sie sich im Garten oder beim Parkspaziergang nach kleinen Tieren um – Ameisen, Spinnen, Asseln, Schmetterlinge, Schnecken.

- Wie viele Beine kannst du sehen?
- Haben all diese Tiere Flügel?
- Was fressen sie wohl?
- Was meinst du, wo sie leben?
- Was meinst du, wie ihre Babys aussehen?
- Worin unterscheiden sie sich von uns?

Große und kleine Kreaturen

Wellensittich, Goldfisch oder Pudel mit Stammbaum – das Haustier einer Familie kann dem Kind wertvolle Lernerfahrungen vermitteln und gleichzeitig ein wunderbarer Gefährte sein. Hier eine Ideenliste für Eltern, die sich leicht auf den Kindergartenalltag übertragen lässt. Starten Sie zum Beispiel dazu ein Projekt zum Thema „Haustiere" und lassen Sie die Erfahrungen der Kinder einfließen.

Regen Sie Ihr Kind an, Haustiere mit Respekt und Umsicht zu behandeln. Zeigen Sie ihm, wie man kleine Tiere hochhebt und wie man sie sicher trägt. Halten Sie es an, das Tier nicht zu ärgern. Ihr Haustier mag eine nachsichtige Kreatur sein, doch eines Tages ärgert Ihr Kind vielleicht ein Tier, das nicht so tolerant ist.

Schaffen Sie eine kleine Bürste oder einen Kamm an, sodass Ihr Kind bei der Fellpflege helfen kann. Zeigen Sie ihm, wie man vorsichtig und sanft kämmt.

Sie kaufen gerade Katzen- oder Hundefutter ein? Lassen Sie das Kind die Lieblingssorte Ihres Haustieres im Supermarktregal suchen. Wie viele Dosen brauchen Sie? Legen Sie sie nacheinander in den Einkaufswagen und zählen Sie dabei mit. Zählen Sie auch, wenn Sie sie zu Hause auspacken. Verwenden Sie Begriffe wie „voll", „leer", „zu viel" usw., wenn Sie die Futter- oder Wasserschalen füllen.

Gehen Sie in die Bücherei und sehen Sie sich nach Büchern oder Geschichten über Haustiere um. Finden Sie ein Buch, in dem Sie etwas über Ihr Haustier erfahren?

Sollte Ihr Haustier krank werden oder seine jährliche Impfung brauchen, können Sie Ihrem Kind erklären, dass der Tierarzt sich so um Tiere kümmert wie der Hausarzt oder der Kinderarzt sich um Menschen kümmert.

Große und kleine Kreaturen

Falls Sie ein Käfigtier haben, lassen Sie das Kind beim Saubermachen helfen. Erklären Sie ihm, dass der Käfig anfängt zu riechen, wenn er nicht sauber gemacht wird und dass das Tier sich nicht wohlfühlt und womöglich krank wird. Machen Sie das Auswaschen der Schälchen zur täglichen Routine. Den meisten Kindern machen Sachen Spaß, die mit Wasser zu tun haben. Bringen Sie Ihrem Kind auch bei, dass es sich immer die Hände waschen muss, wenn es das Tier angefasst oder beim Sauber-machen geholfen hat. Erläutern Sie, dass es vielleicht Schmutz oder Keime an den Händen hat, von denen es krank werden könnte. Aus demselben Grund sollten sich die Kinder nicht das Gesicht von einem Hund oder einer Katze ablecken zu lassen.

Beteiligen Sie Ihr Kind an der Tierpflege. Drängen Sie es nicht zu helfen, erklären Sie ihm aber, dass es ein Haustier haben wollte und daher auch eine Verant-wortung hat, sich darum zu kümmern – so wie Sie sich um das Kind kümmern. Ein Kaninchen im Käfig kann nicht ins Freie und sich dort sein Futter und sein Wasser suchen und deshalb müssen wir dafür sorgen, dass es immer genug von allem hat.

Falls Ihr Haustier stirbt, widerstehen Sie der Versuchung, es zu ersetzen, bevor es jemand merkt – dieser Trick fliegt mit Sicherheit auf! Erklären Sie, dass auch Haustiere sterben, obwohl das normalerweise erst passiert, wenn sie alt sind. Ermuntern Sie Ihr Kind, über seine Gefühle zu sprechen, und erklären Sie ihm, dass es ganz normal ist, wenn man manche Sachen traurig findet.

Wenn Sie einen Hund haben, erklären Sie Ih-rem Kind, wie wichtig es ist, dass er regelmäßig seinen Auslauf hat, weil er sonst krank wird. Sprechen Sie darüber, dass wir Menschen aus demselben Grund Bewe-gung brauchen.

Ein Futterhäuschen basteln

Leere Behälter aus Kunststoff oder aus beschichteter Pappe eignen sich hervorragend als Futterhäuschen für Vögel. Basteln Sie ein Häuschen mit den Kindern, füllen Sie es mit Samen, Erdnüssen, Krümeln und Talg- oder Schmalzbröckchen, hängen Sie es nach draußen und beobachten Sie, wie viele Vögel Sie anlocken.

 Das brauchen Sie:

Saft- oder Milchpackungen aus beschichteter Pappe lassen sich am einfachsten verarbeiten. Aus großen Plastikbehältern von Putzmittelflaschen können Sie beständigere Futterhäuschen bauen, doch dabei sollten Sie die Schneidearbeiten übernehmen.

 So geht es:

Schneiden Sie mit einem scharfen Messer das erste Loch in eine oder mehr Seiten. Ein Kind kann die Löcher mit einer Kinderschere größer machen. Das Ziel ist es, ein Vogelhäuschen in Laternenform zu bauen. Ein anderes Kind kann es mit wasserfester Farbe anmalen oder Sie bekleben es mit Selbstklebefolie. Beobachten Sie, ob die Farbe einen Unterschied macht: Bevorzugen die Vögel eine bestimmte Farbe, werden von anderen Farben aber abgeschreckt?

 Weitere Ideen

■ Sammeln Sie Plastiknetze aus dem Supermarkt (Netze von Zwiebeln oder Orangen) und füllen Sie sie mit Erdnüssen.

■ Fädeln Sie geschälte Erdnüsse auf Fäden auf.

■ Tauchen Sie Tannenzapfen in Fett, z.B. in weiches Schmalz, und hängen Sie sie nach draußen.

■ Verzieren Sie einen ausgemusterten Weihnachtsbaum mit diesen Tannenzapfen, mit Erdnussschnüren und Ihren Futterhäuschen.

Eine Zeitreise

Für junge Kinder ist es schwierig, zu begreifen, was es heißt, wenn „die Zeit verstreicht". Sie haben keine Vorstellung, wie lange sie noch bis zu ihrem Geburtstag „im nächsten Jahr" warten müssen, wie weit eine Ferienreise im „nächsten Monat" oder ihre Lieblingssendung „am nächsten Dienstag" noch entfernt sind. Mit Gesprächen über vergangene Ereignisse in ihrem eigenen Leben, wie Geburtstage und Ferien, und Erzählungen aus ihrer früheren Kindergartenzeit können Sie ihnen helfen, ein Gefühl für Zeit zu entwickeln.

■ Basteln Sie eine Zeitleiste in Buchform.

■ Kleben Sie Bilder ein, die das Kind als Baby, an seinem ersten und zweiten Geburtstag und heute zeigen. Geben Sie dem Buch den Titel: „Guck mal, wie groß ich geworden bin!"

■ Was meint das Kind, wie es aussehen wird, wenn es größer wird?

Als ich jung war

Ein Kind lernt am besten etwas über Geschichte und darüber, wie sich die Zeiten ändern, wenn es das von einem Experten hört – von Ihnen! Alle Erwachsenen haben Geschichten zu erzählen aus der Zeit, als sie jung waren, und ein Kind lernt eine Menge, wenn es Ihnen zuhört.

Hier sind ein paar Ideen, was Sie mit dem Kind machen können, damit es einige der Ähnlichkeiten und Unterschiede zwischen der heutigen Zeit und der Zeit versteht, als Sie jung waren.

- Zeigen Sie ihm Fotos von Ihnen, als Sie jung waren.

- Singen Sie ihm Lieder vor, die Sie als Kind gelernt haben.

- Spielen Sie ihm Schallplatten, CDs oder sogar Videos mit Musik vor, die Sie gerne hörten, als Sie Teenager waren.

- Bitten Sie Großeltern oder ältere Verwandte der Kinder, ebenfalls Geschichten zu erzählen.

- Zeigen Sie den Kindern etwas, das Sie seit Ihrer Kindheit besitzen.

Bewegung und Gesundheit

Bei diesem Lernbereich geht es darum, die Steuerung von Bewegungsabläufen, die Beweglichkeit und die Bewegungskoordination zu fördern und Kindern zu helfen, gesund und aktiv zu bleiben.

- Junge Kinder können bestimmte Bewegungen koordinieren, z.B. in die Hände klatschen oder auf verschiedene Körperteile zeigen. Später sind sie in der Lage, komplexere Bewegungskoordinationen zu beherrschen, können Perlen auffädeln oder einen Brief in einen Briefschlitz schieben.

- Zuerst braucht ein Kind Hilfe bei allem, was Fingerfertigkeit erfordert, z.B. beim Zuknöpfen des Mantels. Später kann es selbstständig mit Reißverschlüssen und Knöpfen umgehen.

Kinder sollten die Gelegenheit haben, mit großen und kleinen Sachen zu spielen. Wenn sie eine Puppe in einem Buggy umherschieben, entwickeln sie ein Gefühl für Raum und Richtung. Beim Werfen und Fangen wird Ihnen auffallen, dass ein jüngeres Kind erfolglos versucht, einen Ball zu fangen, dagegen einen Ball schießen, aber kein Tor treffen kann.
Mit Übung und Erfahrung ist es bald in der Lage, beides zu tun:
Bälle fangen und Tore schießen.

Lernen, was ein Körper kann

Kinder brauchen die Möglichkeit, draußen zu spielen und zu erfahren, wozu ihr Körper in der Lage ist. Sie können zusammen spazieren gehen oder auch einfache Spiele spielen und so dem Kind helfen, seinen Körper besser zu kontrollieren und im körperlichen Bereich sicherer zu werden.

Kinder müssen wissen, wozu ihr Körper fähig ist, und sie müssen lernen, ihn zu kontrollieren.

Um sich sicher und frei zu bewegen, müssen Kinder auch ein Bewusstsein für den Raum um sie herum und für die Auswirkungen ihrer Bewegungen auf andere entwickeln.
Sie können ihnen helfen, diese Kontrolle und dieses Bewusstsein zu entwickeln, sowohl im Haus als auch draußen. Gehen Sie so oft wie möglich mit den Kindern auf freien Flächen spazieren, vielleicht in einem Park oder einem Feld, wo sie genug Platz haben, herumzulaufen und die Bewegungsfreiheit zu genießen.

Wenn das Wetter für einen Spaziergang zu schlecht sein sollte, spielen Sie im Haus einfache Spiele, die unterschiedliche Bewegungen einbeziehen.

 ## Kinderreime

Überlegen Sie, welche Kinderreime und -lieder mit Bewegungen zu tun haben, z.B. „Hänschen klein" oder „Brüderchen, komm tanz mit mir".

Brüderchen, komm tanz mit mir,
beide Hände reich ich dir.
Einmal hin, einmal her,
rundherum, das ist nicht schwer.

 ## Folge mir!

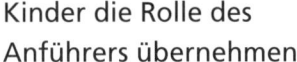

Suchen Sie sich für dieses Spiel eine möglichst große freie Fläche. Sie können es mit einem oder mehreren Kindern spielen. Sagen Sie den Kindern, dass Sie einen Spaziergang machen und sie hinter Ihnen hergehen müssen. Dabei machen sie Ihre Bewegungen genau nach. Beginnen Sie mit leichten Bewegungen, recken Sie z.B. Ihre Hände in die Luft. Machen Sie die Bewegungen allmählich komplizierter, je nach Alter und Fähigkeiten der Kinder. Wenn sie das Spiel einmal verstanden haben, kann eines der Kinder die Rolle des Anführers übernehmen.

Auf die Bärenjagd gehen

Kinder müssen lernen, ihren Körper im Stillstand und in der Bewegung zu kontrollieren. Im Kindergarten sollten Sie Aktivitäten anbieten, die ihnen dabei helfen. Und auch die Eltern können helfen! Es geht darum zu lernen, was der Körper kann und wie man es beschreibt.

Es gibt viele Reime, mit denen man Bewegungswörter einführen kann – „über, unter, durch, um … herum und auf". Versuchen Sie, „Die Bärenjagd" gemeinsam aufzusagen. Dieses Gedicht handelt nicht nur von „über, unter und durch", sondern erkundet auch die Bewegung auf unterschiedlichem Gelände – dicker, quatschiger Schlamm, langes, wogendes Gras und sprudelndes, strudelndes Wasser. Sie können eigene Verse hinzufügen, z.B. schlüpfriges, schlittriges Eis oder holprige, huckelige Straße.

Die Bärenjagd

Refrain:

Erwachsener: Wir gehen auf die Bärenjagd!
Kind: Wir gehen auf die Bärenjagd!
Erwachsener: Wir fangen einen großen!
Kind: Wir fangen einen großen!
Erwachsener: Wir haben keine Angst!
Kind: Wir haben keine Angst!
Erwachsener: Was für ein schöner Tag!
Kind: Was für ein schöner Tag!

Erwachsener: Oh, oh!
Kind: Oh, oh!
Erwachsener: Schlamm!
Kind: Schlamm!
Erwachsener: Dicker, quatschiger Schlamm!
Kind: Dicker, quatschiger Schlamm!
Erwachsener: Drüber können wir nicht.
Kind: Drüber können wir nicht.
Erwachsener: Drunter können wir nicht.
Kind: Drunter können wir nicht.
Erwachsener: Dann müssen wir hindurch.
Kind: Dann müssen wir hindurch.

Machen Sie Schlürfgeräusche mit dem Mund und langsame, schwere Stapfschritte auf den Knien.

Refrain:

Erwachsener: Wir gehen auf die Bärenjagd!
Kind: Wir gehen auf die Bärenjagd!

Wiederholen Sie den Vers wie links für die anderen Geländearten, auf die Sie auf Ihrer Reise geraten, bis zu: Oh, oh!

Erwachsener: Was seh ich da?
Kind: Was seh ich da?
Erwachsener: Zwei schwarze wollige Ohren.
Kind: Zwei schwarze wollige Ohren.
Erwachsener: Zwei kleine Augen.
Kind: Zwei kleine Augen.
Erwachsener: Und ein großes, großes Maul.
Kind: Und ein großes, großes Maul.
Alle: Es ist ein Bär!

Schnell! Lauf zurück, durch die Höhle …
(Wiederholen Sie alle Gesten und Geräusche in umgekehrter Reihenfolge) … ins Haus … und schließ die Tür hinter dir mit einem lauten KNALL!

Wörter für Bewegungen

Kinder haben Spaß an lebhaften, freien Spielen mit viel Körpereinsatz. Beim Spielen werden sie sich bewusst, was sie alles können und was möglich ist. Wenn sie sich bewegen, lernen sie auch die Sprache der Bewegung – die Geschwindigkeit, Richtung und Position ihrer Bewegungen.

 ## An einem schönen Tag

Wenn Sie mit den Kindern in den Park oder zu einer anderen freien Fläche gehen, schlagen Sie den Kindern folgende Bewegungsmöglichkeiten vor:

- Wie schnell oder langsam kannst du dich bewegen? Kannst du nicht nur vorwärts-, sondern auch rückwärts- und seitwärtsgehen? Kannst du deine Körperhaltung beim Gehen verändern, indem du den Oberkörper hinunterbeugst und wieder aufrichtest?

- Beim Turnen an Spielgeräten könnte das Kind beschreiben, wo es sich gerade befindet. Ist es oben oder unten auf der Rutsche? Kann es über oder unter die Stangen kriechen?

 ## Nasse Tage

- Auch wenn der Raum im Haus begrenzt ist – lassen Sie sich durch das Wetter nicht entmutigen! Denken Sie an Bewegungsgeschichten oder -lieder. All diese Bewegungsideen regen ein Kind an, sich auf bestimmte Weise zu bewegen, und helfen ihm, die Sprache zu verstehen, mit der man Bewegungen beschreibt. Brettspiele wie „Mensch ärgere dich nicht" oder „Malefiz®" helfen auch beim Verständnis von „vor", „hinter", „hoch" und „hinunter".

- Spielen Sie ein Spiel, bei dem Bewegungen nachgeahmt werden – „Folge mir!" (Sie geben verschiedene Anweisungen für Bewegungen: „… den rechten Arm heben" usw. Die Kinder machen alle Bewegungen nach.) Wenn ein Kind schon in der Lage ist, kann es die Rolle des „Anführers" übernehmen.

Nützliche Wörter:

schnell/langsam	innen/außen
hoch/hinunter	auf/in
hinein/heraus	unter/über
nach rechts	oben/unten
nach links	hoch/niedrig
vorwärts/rückwärts	

Balancieren lernen

Spiele oder Aktivitäten, bei denen es ums Balancieren geht, helfen Kindern, ihre Bewegungen besser zu steuern. Körperliche Betätigungen tragen zur Kräftigung der Knochen und Muskeln bei.

Sie brauchen keine besondere Ausstattung – alltägliche Gegenstände bringen viel mehr Spaß!

1. Legen Sie eine Wäscheleine in Schlangenlinien auf einen ebenen Untergrund und lassen Sie die Kinder auf der „Schlange" entlanggehen.

2. Gehen Sie auf den Ritzen zwischen Pflastersteinen oder auf Rissen in den Platten.

3. Gehen Sie niedrige Mauern entlang.

4. Lassen Sie die Kinder mit verschiedenen Sachen auf dem Kopf herumgehen, z.B.:

   ■ eine leere Plastikschüssel

   ■ eine Plastiktasse mit Untertasse

   ■ eine Plastiktüte, mit Wasser gefüllt und gut verschlossen!

5. Machen Sie Aktivität Nr. 4 schwieriger, indem Sie die Kinder anregen, beim Balancieren in die Hände zu klatschen, die Knie hochzunehmen oder rückwärtszugehen.

Die Kombination der Aktivitäten Nr. 4 und Nr. 5 erfordert eine noch bessere Kontrolle!

6. Legen Sie ein Stück Holz (etwa 30 cm breit) auf zwei Stützen aus Ziegelsteinen (jeweils einen Ziegelstein hoch). Lassen Sie die Kinder auf der Holzplanke gehen. Geben Sie Hilfestellung, falls ein Kind ängstlich ist. Wenn sich die Kinder sicherer fühlen, erhöhen Sie die Stützen um eine Lage Ziegelsteine.

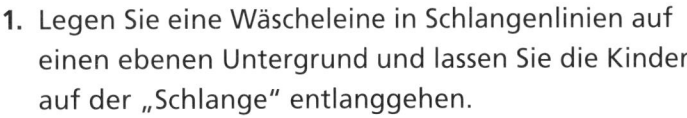
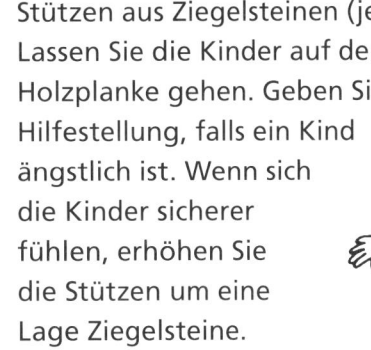

Schnapp dir den Eselsschwanz!

**Hier ist ein Spiel, das die Kinder zum Rennen, Nach- und Weglaufen bringt.
Es fördert ihre Kondition und gegenseitige Rücksichtsnahme.**

1. Schneiden Sie aus farbigem Krepppapier die Eselsschwänze zu, ungefähr 7 cm breit und 30 cm lang.

2. Jedes Kind steckt sich einen Eselschwanz in den Hosen- oder Rockbund.

3. Der Bauer muss sich alle Eselsschwänze schnappen, und zwar so schnell wie möglich.

4. Die Kinder übernehmen abwechselnd die Rolle des Bauern. Das Kind, das die meisten Schwänze schnappt, gewinnt.

Hinweis:

Wenn Sie mit einer großen Kindergruppe spielen, teilen Sie die Gruppe und verteilen Sie Eselschwänze in zwei Farben. Die eine Hälfte der Kinder sieht zu, während die andere spielt. Teilen Sie jede Gruppe nochmals in zwei Hälften und geben Sie jeder Gruppe eine Farbe. Lassen Sie zwei Bauern umherlaufen; einer schnappt sich die roten Schwänze, während der andere hinter den blauen her ist.

Einen einfachen Fallschirm basteln

In manchen Kindergärten ist das Spiel mit Fallschirmen oder Schwungtüchern besonders beliebt. Kinder lernen dabei zusammenzuarbeiten und sie stärken gleichzeitig ihre Arm- und Rumpfmuskulatur. Falls Sie kein Schwungtuch in Ihrer Einrichtung haben, können Sie improvisieren und viel Spaß mit einem einfachen Betttuch haben.

Nähanleitung:

1. Beginnen Sie mit einem alten Betttuch.

2. Falten Sie das Tuch wie in der Abbildung unten und schneiden Sie den überstehenden Stoff ab.

3. Falten Sie es zum Quadrat auseinander.

4. Falten Sie es einmal.

5. Falten Sie es nochmals, sodass ein kleines Quadrat entsteht.

6. Zeichnen Sie Linien ein, wie in der Abbildung.

7. Falten Sie das Tuch zum Schirm auseinander. Säumen Sie den Rand, damit er nicht ausfranst und haltbarer wird.

8. Befestigen Sie auch Handgriffe, falls gewünscht.

Aktivitäten für mehrere Kinder

■ Lassen Sie den Lieblingsteddy eines Kindes fliegen: Setzen Sie ihn mitten auf das Laken, halten Sie die Seiten fest und bewegen Sie das Laken auf und ab, sodass der Teddy auf- und niederhüpft.

■ Lassen Sie einen weichen Ball auf dem Laken umherrollen und versuchen Sie, ihn auf dem Laken im Kreis rollen zu lassen.

 Aktivitäten für zwei oder drei Kinder

■ Zwei Kinder halten das Tuch, während das dritte darunterkriecht.

■ Das Kind unter dem Tuch setzt sich in die Mitte und die anderen bewegen das Tuch auf und ab.

■ Ein Kind liegt unter dem Tuch, während die anderen einen Ball auf dem Tuch umherrollen. Kann das Kind auf dem Boden den Ball von unten treten oder boxen, sodass er vom Tuch rollt?

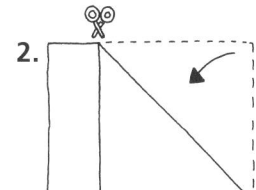
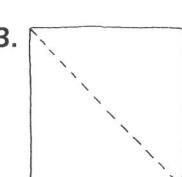

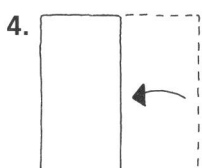
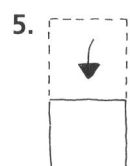
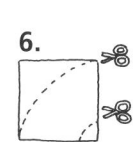
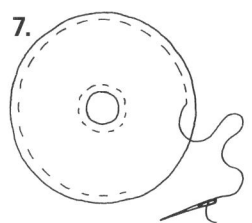

Hula-Hoop-Spaß

Hula-Hoop-Reifen sind preiswerte Spielzeuge und ältere wie jüngere Kinder spielen gerne damit! Junge Kinder werden nicht in der Lage sein, den Reifen um ihre Hüfte kreisen zu lassen, aber sie können den Arm nehmen. (Vielleicht brauchen Sie dafür kleinere Reifen.)

Bitten Sie die Kinder, den Arm auszustrecken, und hängen Sie je einen Reifen an ihre Handgelenke. Zeigen Sie ihnen, wie sie den Reifen am Handgelenk hin- und herschaukeln lassen. Können sie den Reifen selbst zum Schaukeln bringen? Wenn das gelingt, bringen Sie die Kinder dazu, den Reifen kreisen zu lassen: Am besten stellen sich die Kinder vor, sie würden ein Fenster putzen. Dazu macht das Kind von der Schulter ausgehend eine Kreisbewegung mit dem ausgestreckten Arm. Achten Sie darauf, dass diese Bewegung nicht zu groß wird. Sie könnten die Kinder bitten, „ein kleines Fleckchen vom Fenster zu polieren".

 ## Ein Reifen – viele Möglichkeiten

Wie viele Wege durch den Reifen gibt es?
Die Kinder können mit den Füßen zuerst einsteigen, mit dem Kopf zuerst, mit den Armen zuerst – sogar mit dem Po zuerst!
Wie viele Kinder können gleichzeitig in einem Reifen stehen? Drei Kinder? Ein Erwachsener?
Wie „lang" ist so ein Reifen? Regen Sie zu ersten Messversuchen an, indem Sie ein Stück Schnur nehmen und es einmal um den Reifen legen. Schneiden Sie die Schnur ab und halten Sie sie vor sich hin. Dann vergleichen Sie die Länge der Schnur mit der Körpergröße der Kinder und mit Ihrer Körpergröße. Vielleicht fällt ihnen auf, dass die Schnur zwei bis dreimal so lang ist wie der Durchmesser des Reifens!

Ballspiele

Kinder brauchen viel Zeit, mit einem Ball einfach zu spielen, bevor es ihnen gelingt, ihn zu rollen, zu werfen, zu fangen und **zu prellen. Hier sind ein paar Spiele, mit denen Sie diese Fähigkeiten fördern können.**

Verwenden Sie für die folgenden Spielideen unterschiedlich große Bälle. Suchen Sie dabei die richtige Ballgröße für jedes Kind aus.

Bälle und Wände

Spielen Sie mit einem mittelgroßen Ball Werfen und Fangen gegen eine Mauer. Wenn Sie neben einem Kind stehen und mit ihm gemeinsam fangen und werfen, kann es Sie beobachten und dabei lernen, wie Sie mit dem Ball umgehen. Sie können die Aufgabe am Anfang auch so vereinfachen, dass das Kind wirft und Sie fangen.

Tore schießen

Halten Sie einen Eimer und lassen Sie das Kind auf den Eimer zielen. Sie können den Eimer bewegen und so die Bälle „fangen", was die Trefferquote erhöht und dem Kind ein Erfolgserlebnis beschert. Versuchen Sie, den Eimer allmählich immer weniger in die Flugbahn des Balls zu halten. Dieses Spiel schult die Auge-Hand-Koordination.

Zielen

Egal, ob das Kind einen Ball schießt, rollt oder wirft – geben Sie ihm eine Zielscheibe: Einen Punkt an der Wand, einen umgedrehten Turnkasten zum Hineinwerfen, Kegel zum Umwerfen.

Fangen spielen

Fangen kann man lernen, aber man braucht Übung dazu. Wenn Sie einen Luftballon mit Stoff überziehen, haben Sie einen Ball, mit dem das Spielen Spaß macht und der leicht zu handhaben ist.

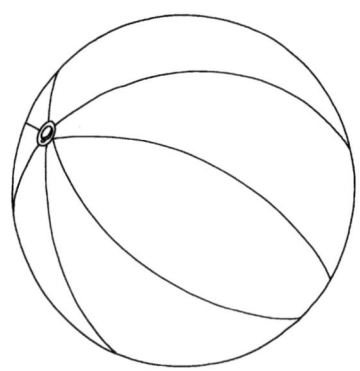

So wird ein Ball gemacht:

Ein Ballon, den Sie mit Stoff beziehen, hat im Vergleich zu einem echten Ball viele Vorteile: er lässt sich leicht fangen, man kann ihn mit einer Hand packen, er ist leicht und Kinder haben keine Angst davor, ihn zu fangen. Er bewegt sich ziemlich langsam, sodass man ihn besser fangen kann. Allerdings verhält er sich anders als ein Ballon und anders als ein richtiger Ball. Durch sein geringes Gewicht kann man ihn im Haus benutzen.

- Wählen Sie zunächst den Bezugstoff – je bunter, desto besser.

- Pausen Sie die Vorlage von S. 117 ab und schneiden Sie nach dieser Vorlage sechs Stoffstücke zu.

- Nähen Sie die Stoffstücke an den Rändern aneinander, drehen Sie den Bezug auf rechts, stecken Sie einen Ballon hinein und blasen Sie ihn auf.

Sie können den Ballon wie einen gewöhnlichen Ball nutzen.

Geben Sie den Kindern Aufgaben:

- Wie oft können sie den Ballon werfen und wieder auffangen, ohne ihn fallen zu lassen?

- Können sie ihre eigenen Bestleistungen noch übertreffen?

Geben Sie ihm Zielscheiben: Alte Kartons, die Sie mit buntem Papier überziehen, sind ideal und preiswert. Sie könnten außerdem Zahlen auf die Kartonseiten malen, sodass Sie nicht nur die körperliche Entwicklung fördern, sondern auch das Zahlenlernen. Nehmen Sie statt der Zahlen Formen.

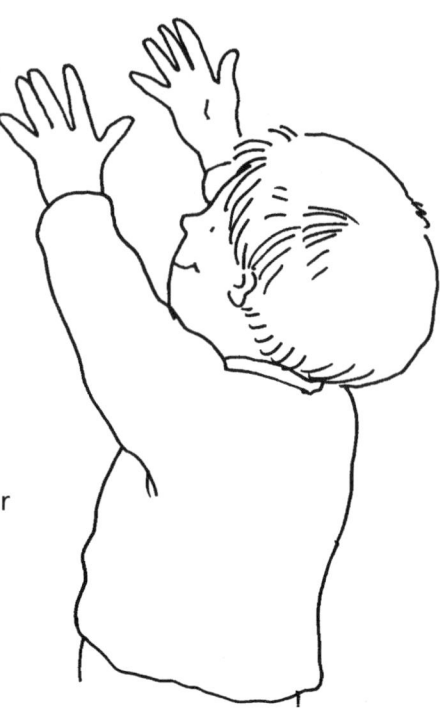

 Vorlage:

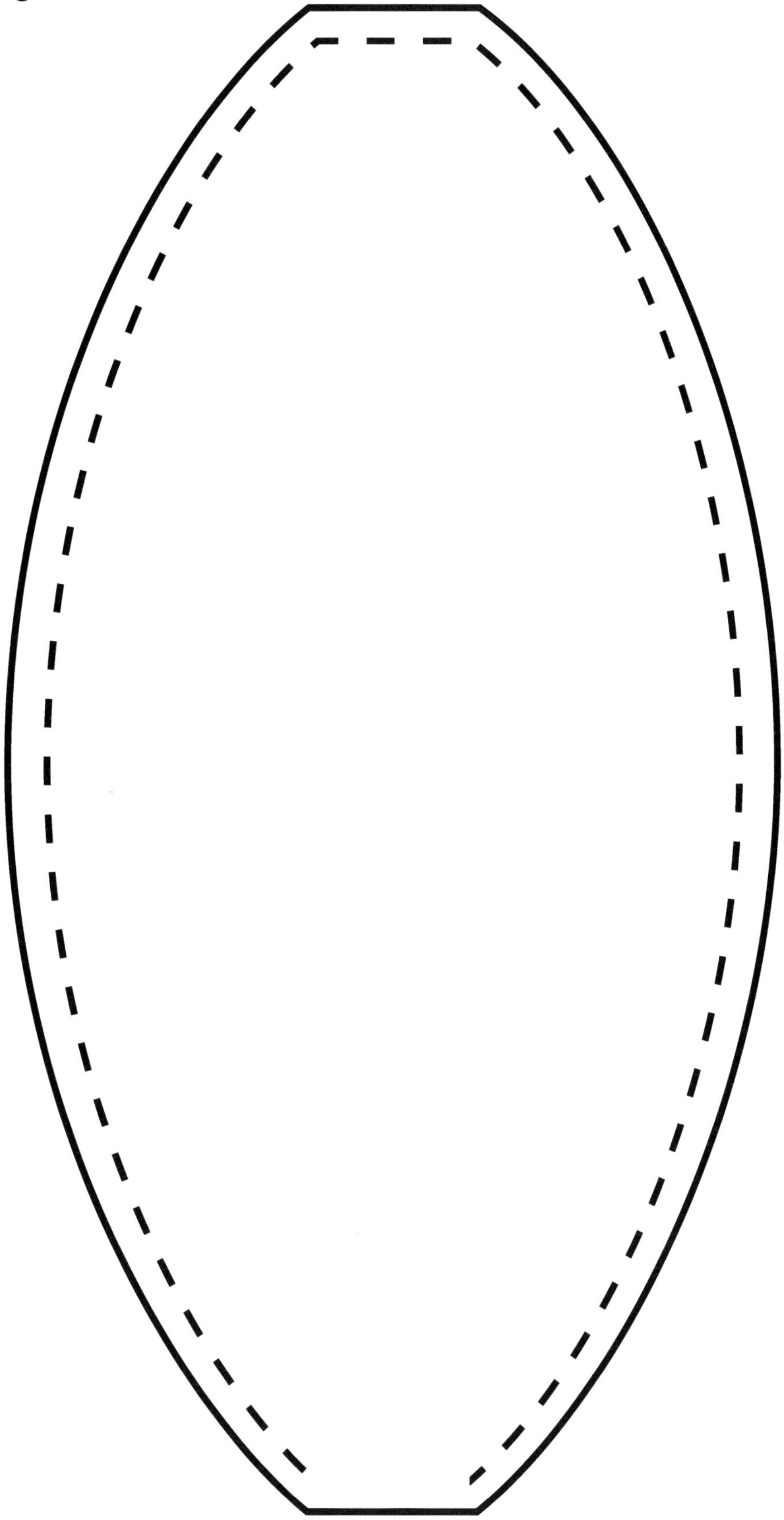

Fröhliche Hände

Setzen Sie dieses Spiel ein, um das Kind in seiner körperlichen Entwicklung zu unterstützen. Es ist außerdem hervorragend als Entspannungsübung geeignet.

Hände in die Hüften,
Hände auf die Knie.
Hände auf den Rücken,
komm, ich zeig dir wie.

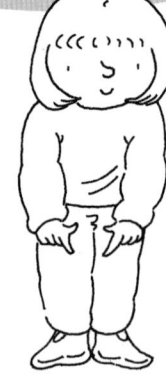

Pack dich bei den Schultern,
fass die Nase an.
Kommst du auch ganz unten
an die Zehen dran?

Klatsch nun in die Hände,
klatsche, dass es knallt!
Und dann winken wir uns zu:
Auf Wiedersehn! Bis bald!

Wenn Sie mit den Kindern spielen, sollten Sie ihnen Zeit geben und nicht mit Lob sparen. Lassen Sie sie eigene Bewegungen finden. Verwenden Sie positive Formulierungen: „Lass es uns einmal so probieren" statt „So nicht!"

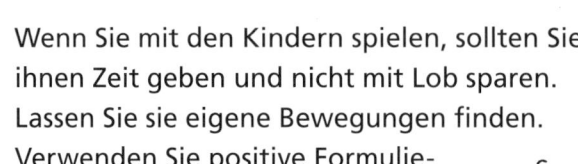

Hände und finger einsetzen

Je mehr Kinder die Welt um sie herum erkunden, desto geschickter können sie ihre Hände einsetzen. Sie können ihnen Dinge zu tun geben, mit deren Hilfe sie die Fertig- keiten trainieren, die sie später brauchen. Hier eine Ideenliste für Eltern, die sich leicht auf den Kindergartenalltag übertragen lässt.

 ## Selbstständigkeit

Der Schulbeginn ist für viele Kinder und Eltern eine Zeit voller Sorgen. Sie können den Übergang von zu Hause zur Schule leichter gestalten, wenn Sie das Kind anregen, sich allein an- und auszuziehen. In der Schule müssen die Kinder in der Lage sein, sich in der Pause allein den Mantel anzuziehen und sich für den Sportunterricht um- zuziehen. Spielen Sie Spiele mit Puppen, die an- und ausgezogen werden müssen. Die Puppenkleider sollten nach Möglichkeit Knöpfe und Reißverschlüssen haben. Veranstalten Sie zum Spaß ein Wettrennen: Wer kann am schnellsten Mütze, Schal und Handschuhe anziehen? Und dann sehen Sie beide in den Spiegel!

 ## Einkaufen

Gehen Sie zusammen einkaufen und ermuntern Sie das Kind, vorher eine Einkaufsliste zu schreiben oder zu malen. Lassen Sie das Kind im Geschäft die Sachen in den Wagen oder Korb legen. Räumen Sie die Einkäufe gemeinsam in den Schrank.

 ## Gemeinsame Spiele

- Es gibt viele einfache Brettspiele, bei denen gewürfelt wird und Spielfiguren versetzt werden müssen. Kinder spielen diese Spiele gerne mit Erwachsenen.

- Spielen Sie zusammen mit Knöpfen. Sortieren Sie sie nach Farbe oder Größe und legen Sie sie in einer Reihe neben- einander oder fädeln Sie sie auf Schnürsenkel auf.

Hände und Finger einsetzen

 ## Hilfe im Haushalt

- Lassen Sie das Kind bei Arbeiten im Haushalt helfen, bei denen es mit kleinen Gegenständen hantieren muss. Decken Sie zusammen den Tisch, geben Sie beim Backen löffelweise Zutaten zum Teig, rollen Sie den Teig aus und stechen Sie Plätzchen aus. Geben Sie dem Kind einen kleinen Behälter mit einem Staubtuch, einer Kehrschaufel und einem Handfeger und genießen Sie es, dass die Hausarbeit nicht allein auf Ihren Schultern lastet!

- Lassen Sie das Kind beim Abwasch helfen und geben Sie ihm eine kleine Schüssel mit warmem Wasser auf einem niedrigen Tisch. Achten Sie darauf, dass es nur ungefährliches Geschirr spült – keine Gläser und keine scharfen Kanten.

- Kinder putzen gerne Schuhe und sind stolz, wenn sie die Schuhe anderer Familienmitglieder zum Glänzen bringen.

 ## Gärtnern

Gärtnern, pflanzen, gießen und ernten Sie draußen oder drinnen auf der Fensterbank – es macht dem Kind garantiert Spaß. Kinder können Jogurtbecher mit Kompost füllen, Löcher in die Mitte drücken, Samen hineinlegen und alles vorsichtig gießen.

Feinmotorik:

Ein wichtiger Bestandteil der Vorschulerziehung eines Kindes ist, ihre manuelle Geschicklichkeit – oder Feinmotorik – zu trainieren. Kinder müssen ihre Feinmotorik trainieren, um mit ihren persönlichen Bedürfnissen zurechtzukommen, z.B. Anziehen und Körperpflege. Bei Kindern, die eine Vielzahl an Werkzeugen und Materialien erkunden konnten, ist die Wahrscheinlichkeit groß, dass sie das Zeichnen und Schreiben mit größerem Selbstvertrauen angehen. Kinder brauchen Zeit, die Bewegungsabläufe, die sie bereits beherrschen, immer wieder zu üben. Und sie brauchen die Chance, neue Bewegungen auszuprobieren.

Ein Rezept für Knete

Junge Kinder brauchen Gelegenheiten, mit ihren Händen auf Entdeckungstour zu gehen und verschiedene Materialien anzufassen, bevor sie zu förmlicheren Fertigkeiten wie Schreiben und Zeichnen übergehen. Mit Knete zu spielen, ist eine perfekte Übungsmöglichkeit.

Rezept für haltbare Knete:

225 g Weizenmehl, 100 g Salz, 30 ml Backpulver, 15 ml Pflanzenöl, 225 ml Wasser, ein paar Tropfen Lebensmittelfarbe

Vermischen Sie alle Zutaten außer der Lebensmittelfarbe zu einer glatten Paste. Geben Sie sie in einen Topf und erhitzen Sie sie unter gelegentlichem Umrühren auf niedriger Flamme, bis sich die Paste vom Topfboden löst und zu einer glatten Kugel wird. Nehmen Sie sie heraus und fügen Sie nach dem Abkühlen ein paar Tropfen Lebensmittelfarbe hinzu, die Sie durch Kneten untermischen.

Diese Knete dürfte sich für ein bis zwei Monate halten, wenn Sie sie in einem luftdicht verschlossenen Behälter im Kühlschrank aufbewahren.

Nicht vergessen:

- ➘ Beteiligen Sie die Kinder beim Abwiegen und Mischen der Zutaten.
- ➘ Mischen Sie gelegentlich zusätzliche Zutaten unter wie Maismehl, Linsen etc. Auf diese Weise entsteht eine andere Textur.
- ➘ Geben Sie den Kindern verschiedene Werkzeuge wie Ausstechförmchen und Teigroller und Materialien, die einen Abdruck hinterlassen, z.B. Garnrollen, Muscheln oder Bausteine.

Warum ist Knete pädagogisch wertvoll?

- ■ Das Spiel mit Knete fördert die Steuerung der Feinmotorik von Händen und Fingern.

- ■ Es kräftigt und trainiert die Muskeln in Händen und Armen.

- ■ Es bietet Kindern eine sichere Möglichkeit, ihre Gefühle und Ideen auszudrücken. Es gibt keinen Erfolgsdruck und alles lässt sich leicht zerkneten und neu aufbauen.

- ■ Es gibt Kindern die Möglichkeit zu erfahren, wie Materialien aussehen und wie sie sich verhalten.

Wie unser Körper funktioniert

Im Elementarbereich muss ein Kind lernen, mit körperlichen Veränderungen zu rechnen, wenn es sich angestrengt hat.

Im Laufe des Tages erzählt ein Kind Ihnen sicherlich, wie es sich fühlt. Wenn Sie ihm diese Befindlichkeiten erklären, Vermutungen über ihre Ursachen anstellen und Lösungen für mögliches Unwohlsein anbieten, tragen Sie zu mehr Selbstständigkeit des Kindes bei. Auch wenn Ihnen die meisten Antworten in den folgenden Beispielen allzu offensichtlich und banal vorkommen, werden Sie erfreut feststellen, dass Ihre normalen Reaktionen nützlich und pädagogisch wertvoll sind!

„Mein Bauch tut weh!"

„Dein Bauch tut weh, weil er leer ist und du Hunger hast. Du brauchst etwas zu essen."
Oder: „Dein Bauch tut weh, weil du zu schnell zu viel Mittagessen gegessen hast. Das nächste Mal weißt du, dass du langsamer essen solltest."

„Mir ist kalt!"

„Dir ist kalt, weil du deinen Anorak nicht anhast."

„Ich bin außer Atem!"

„Du bist außer Atem, weil du gerannt bist und deine Muskeln alle Luft aufgebraucht haben. Du musst zusätzliche Luft einatmen, bis sie wieder genug haben."

Einem weinerlichen und übellaunigen Kind zu erklären, dass es müde ist, wird in der Situation nicht auf Gegenliebe stoßen, vor allem wenn Sie es dann ins Bett bringen! Wenn das Kind sich aber ein Gefühl wie Müdigkeit erklären kann, empfindet es dies als beruhigend und kann irgendwann selbst die Anzeichen deuten – ein großer Schritt in Richtung Selbstständigkeit!

Tankstelle

Falls Sie in der Einrichtung Dreiräder haben, brauchen Sie nur noch ein paar einfache Requisiten, um Fantasiespiele der Kinder noch lebendiger zu machen.

Das Spiel von Kindern wird durch ihre alltäglichen Erfahrungen beeinflusst. Wenn ein Kind regelmäßig mit dem Auto fährt, wird es diese Fahrten häufig in seinen Fantasiespielen mit seinem Dreirad nacherleben.

Beobachten Sie das Kind, wenn es auf dem Dreirad unterwegs ist. Macht es Geräusche, die sein Dreirad in ein Auto oder einen Krankenwagen verwandeln? Fragen Sie es, wo es gerade ist – dreht es einfach nur seine Runden um den Strauch oder spielt es die Fahrt zum Supermarkt nach?

Eine Fahrt, die Kinder bestimmt schon einmal miterlebt haben, ist eine Fahrt zur Tankstelle und Sie können diese Situation mit einfachen Mitteln nachstellen. Die meisten Kinder sind mit Zapfsäulen vertraut und sie lassen sich leicht nachbauen:

- Schneiden Sie eine Cornflakespackung an der Seite und an den oberen Laschen auf. Drehen Sie sie von innen nach außen und kleben Sie die Ränder wieder zu.

- Schneiden Sie ein kleines Fenster in die Vorderseite und ein Loch in jede der Längsseiten (und zwar so, dass die Löcher sich auf gleicher Höhe befinden). Machen Sie die Löcher so groß, dass die Pappröhre einer Küchenrolle hindurchpasst.

- Schreiben Sie Zahlen, die die Kinder kennen, um eine imaginäre Mittellinie herum auf die Papprolle.

- Schieben Sie die Pappröhre in die Löcher, bis die Zahlen im Fenster sichtbar sind.

- Wenn Sie nun die Pappröhre drehen, können Sie und die Kinder kontrollieren, wie viel Benzin das Dreirad tankt.

Der Einfüllstutzen lässt sich aus der Verschlusskappe einer Weichspülerflasche herstellen. Befestigen Sie die Kappe mit einem Stück Seil an der Zapfsäule.

- Aus Küchenutensilien lassen sich improvisierte Werkzeuge für die Reparatur des Dreirads herstellen – Löffel und Pfannenwender aus Holz sind die Schraubenschlüssel und ein Rührgerät mit Handkurbel gibt einen hervorragenden Bohrer ab. Geben Sie den Kindern einen Eimer mit Seifenwasser und Putzlappen, sodass die Räder des Dreirads gereinigt werden können.

- Und schließlich können Sie einen großen Pappkarton zur Garage umfunktionieren. Ein solcher Karton eignet sich auch als Feuerwehrgarage, als Unterstellplatz für den Traktor oder – mit ein bisschen Fantasie – als Pferdestall.

Meine Benzin-Zapfsäule

Keine Angst vor Scheren!

Der richtige Umgang mit Scheren ist ein schwieriger Lernprozess für Kinder und sie sollten sie nur unter Aufsicht benutzen. Kindgerechte Scheren mit gerundeten Kanten sind am besten geeignet.

Für ein Kind, das gerade anfängt, mit Scheren zu arbeiten, ist es das Wichtigste, seine Bewegungen zu kontrollieren. Geben Sie dem Kind ein paar dünne Streifen, etwa 20 cm lang und 1 cm breit, die es durchschneiden kann. Halten Sie einen kleinen Behälter für die Schnipsel bereit. Das Kind wird später großen Spaß dabei haben, sie aufzukleben.

Loben und ermutigen Sie das Kind und lassen Sie es die einfache Schneideübung immer wieder trainieren. Viel Zeit und die Möglichkeit zur Wiederholung geben dem Kind die Sicherheit, komplexere Schneideaufgaben anzugehen, z.B. Umrisse mehr oder weniger genau auf der Linie auszuschneiden.

Basteln Sie gemeinsam ein einfaches Buch, indem Sie große Papierbögen auf die Hälfte falten, an der Oberkante Löcher machen und die Blätter mit Schnur oder Band zusammenbinden. Geben Sie dem Kind einen Stapel alter Zeitschriften und Kataloge und lassen Sie es die Bilder ausschneiden, die dann auf die Buchseiten geklebt werden.

Sie können eine Bildersammlung zu beliebten Themen wie Autos, Spielsachen oder Katzen anlegen. Suchen Sie Bilder in den unterschiedlichsten Formen zum Ausschneiden aus, z.B. einen runden Ball oder eine quadratische Schachtel. Kleben Sie sie in das selbst gebastelte Buch. Alte Weihnachts- oder Geburtstagskarten eignen sich ebenfalls für diese Aktivität.

Legen Sie das fertige Buch zu den anderen Büchern der Kinder – es wird schon bald ein Favorit sein!

 ## Welche Schere für ein Kind?

Scharfe Scheren sind wichtig, sonst sind die Kinder bald frustriert, wenn sie versuchen, mit stumpfen Scheren etwas auszuschneiden. Scheren mit gerundeten Kanten sind nicht zu filigran und Kinder können damit gut umgehen. Achten Sie darauf, dass Sie eine Linkshänderschere anschaffen, falls ein Kind Linkshänder ist. Auf den Internetseiten www.jako-o.de oder www.lafueliki.de finden Sie unter dem Stichwort „Kinderscheren" preisgünstige, kindgerechte Scheren, u.a. auch für Linkshänder.

Ästhetik & Gestalten

Beim Lernbereich „Ästhetik und Gestalten/Musik und Rhythmik" geht es darum, Farben, Oberflächen, Materialien und Klänge zu erkunden. Bei kreativen Aktivitäten setzen die Kinder auch ihre Fantasie und ihre Sinne ein.

Musik & Rhythmik

- Zu Beginn ihrer Zeit im Kindergarten sind Kinder in der Lage, Farben dadurch zu erkunden, dass sie sie z.B. anwenden und mischen. Sie spielen mit Musikinstrumenten und bewegen sich zur Musik. Später entwickeln sie ein Gefühl für Rhythmus und kennen kleine Lieder auswendig.

- Die Entwicklung der Fantasie eines dreijährigen Kindes beginnt damit, dass es an Rollenspielen teilnimmt oder mit Verkleidungen spielt. Das Spiel wird lebendiger und einfallsreicher, wenn es eine Rolle übernimmt oder eine bestimmte Figur darstellt, z.B. einen Lehrer, Busfahrer oder Mama.

- Bei ihren Erkundungen setzen Kinder alle Sinne ein, auch den Geschmacks-, Tast- und Geruchssinn. Wenn sie beim Backen helfen, wollen sie den Löffel ablecken und den Teig anfassen. Im nächsten Schritt können sie über das sprechen, was sie sehen, hören, riechen, fühlen oder schmecken. Allmählich erweitert sich ihr Erfahrungshorizont.

Vom Kritzeln zum Zeichnen

Junge Kinder lieben es, mit einem Bleistift oder Wachsmalkreiden zu experimentieren. Die wahren Enthusiasten bemalen alles – sogar die Wand! Knüpfen Sie an diese frühe Begeisterung an und helfen Sie dem Kind, zum selbstbewussten Künstler zu werden.

 ## Wie können Sie helfen?

Bestücken Sie den Stiftebecher der Kinder mit Bleistiften, Farbstiften und Wachsmalern. Halten Sie Papiervorräte bereit, sodass das Kind malen kann, wann immer ihm danach zumute ist. Für den Anfang sollten Sie dicke Farbstifte und Wachsmaler beschaffen – sie lassen sich besser festhalten. Das Papier muss nicht teuer sein. In dieser frühen Phase können Sie ihm Papierreste und Rückseiten geben, doch Sie sollten für besondere Bilder auch neues Papier vorrätig haben, vor allem wenn das Kind älter wird.

Wenn Sie genügend Platz haben, könnten Sie eine Tafel mit bunten Kreiden aufstellen und dem Kind so die Möglichkeit geben, mit verschiedenen Werkzeugen zu malen.

 ## Erste Kritzeleien

Machen Sie sich keine Sorgen, wenn ein Kind nichts als Kritzeleien zu produzieren scheint. Nach und nach werden diese Kritzeleien sich in erkennbare Zeichnungen verwandeln, je besser das Kind seine Bewegungen steuern kann. Diese frühen Erfahrungen mit Zeichnungen sind außerdem wichtige Vorbereitungen auf das Schreiben.

 ## Lauter Kunstwerke

Zeigen Sie dem Kind, dass Sie seine Bilder schön finden und hängen Sie sie gut sichtbar an die Wand. Sie könnten darüber hinaus ein oder zwei Lieblingsbilder in Wechselrahmen stecken. Ermuntern Sie das Kind, seine zeichnerischen Fähigkeiten einzusetzen, um besonders schöne Geburtstagskarten zu malen. Selbst die Arbeiten eines sehr kleinen Kindes sehen schön aus, wenn sie auf eine farbige Karte geklebt werden.

 ## Beobachtendes Zeichnen

Wenn ein Kind eine Zeitlang erkennbare Dinge gemalt oder gezeichnet hat, lassen Sie das Kind einen bestimmten Gegenstand genau ansehen und dann abmalen.

Suchen Sie etwas mit einer klaren Form aus, etwa ein Blatt oder ein einfaches Spielzeug. Wenn das Kind daran Spaß hat, regen Sie an, dass es sich selbst seine Vorlagen sucht.

Vom Kritzeln zum Zeichnen

 ## Was ist das?

Wenn ein Kind Ihnen voller Stolz ein Gemälde präsentiert, versuchen Sie, sich die Frage „Was ist das?" zu verkneifen. Möglicherweise versteht es noch nicht, dass ein Bild etwas Bestimmtes darstellen kann, und daher wäre die Frage verwirrend. Das Kind wird Menschen, Tiere, Autos malen, und vielleicht ist es selbst der einzige Mensch, der erkennt, was es sein soll. Im Zweifelsfall bewundern Sie die schönen Farben und die interessanten Formen, die auf dem Bild zu sehen sind.

 ## Lieblingsbilder aufbewahren

Heben Sie die Lieblingsbilder der Kinder in einer Mappe auf. Sie und das Kind werden gerne auf diese frühen Versuche zurückblicken – achten Sie jedoch darauf, dass Sie das Datum und den Namen hinzufügen!

Malen, was du siehst

Kinder sind sehr stolz auf die Bilder, die sie malen, und die meisten Kinder malen gern. Beim Malen lernen sie, sich zu konzentrieren und genau hinzusehen.

Wir alle lieben die ersten Mal- oder Zeichenversuche von Kindern: der Klecks mit grünen und orangefarbenen Haaren, der die Aufschrift „Mama" trägt, die Bäume mit den lilafarbenen Blättern und die Häuser in Regenbogenfarben. Diese fantasievollen Interpretationen der Welt stellen eine wichtige Phase in der Entwicklung der Kinder dar. Allerdings müssen sie auch lernen, Dinge so zu sehen, wie sie wirklich sind, und genau hinzusehen.

Vielleicht ist ein Kind durch Aktivitäten im Kindergarten schon mit der Art des Malens vertraut, bei der es sich einen Gegenstand genau ansieht, bevor es ihn abmalt oder abzeichnet. Das mag sich wie eine schwierige Aufgabe für einen Vierjährigen anhören, doch die Bedeutung dieser Übung liegt weniger in der fertigen Zeichnung, als in der Beobachtung, die vorangeht. Die Kinder werden ermuntert, sich einen Gegenstand genau anzusehen und darüber zu sprechen. Erst danach beginnen sie zu malen. Dabei haben sie die klare Vorgabe, den Gegenstand so zu malen, wie er wirklich ist.
Wenn ein Kind das nächste Mal malen möchte, lassen Sie es aussuchen, was es malen will – ein Haustier, eine Schale mit Obst, ein paar Blumen, sein Lieblingsspielzeug. Helfen Sie ihm am Anfang, setzen Sie sich dazu und stellen Sie ein paar Fragen.

- Welche Farben brauchst du, um das zu malen?

- Welche Form hat es?

- Wie groß wirst du es malen?

- Mit welchem Teil fängst du an?

Wenn Sie dem Kind helfen wollen zu lernen, wie es sich die Sachen in seiner Umgebung genau ansieht, könnten Sie aus Pappe einen einfachen Rahmen zuschneiden (er kann rund, quadratisch oder rechteckig sein). Lassen Sie das Kind hindurchsehen und seinen Blick auf eine Sache konzentrieren. Diese Aktivität ist sowohl für drinnen als auch für draußen geeignet.

Lassen Sie das Kind etwas suchen, das es interessiert (z.B. ein Spielzeug, ein Standbild, eine Parkbank, eine Schaukel). Fordern Sie es dann auf, genau durch den Rahmen hinzusehen und aufzumalen, was es sieht.

Suchen Sie als Nächstes etwas Kleines – einen Marienkäfer, eine Schnecke oder ein Spielzeug. Sehen Sie es sich durch ein Vergrößerungsglas genau an. Wenn das Kind bereit ist, beginnt es zu malen. (Sobald es damit fertig ist, setzen Sie die Lebewesen wieder im Garten aus.)

Pinselstriche

Junge Kinder malen für ihr Leben gern! Ein Kind wird zwar im Kindergarten reichlich Gelegenheit dazu haben, doch das Malen **ist etwas, was es ohne große Vorbereitung auch zu Hause machen kann. Hier eine Ideenliste für Eltern.**

Malen bietet Ihrem Kind wunderbare Gelegenheiten, seine Fantasie einzusetzen. Zugleich fördert das Malen die Koordination der Handbewegungen, wenn das Kind den Pinsel greift und damit die Farbe auf dem Papier verteilt. Selbst ein junges Kind kann alleine malen und Sie können seine Bilder an die Wand hängen oder Grußkarten daraus machen. Am wichtigsten aber ist, dass das Malen viel Spaß macht!

- Versuchen Sie, Ihrem Kind so viel Freiheit wie möglich zu geben, damit es die Malfarbe auf seine Weise erkunden kann. Machen Sie sich keine Gedanken über die Ergebnisse – die meisten Kinder begreifen erst im Alter von vier bis fünf Jahren, dass ein Bild etwas darstellen kann.

- Für den Fall, dass die Bilder Ihres Kindes am Ende in einheitlichem Schlammbraun ertrinken, beschränken Sie es auf ein oder zwei Farben. Zeigen Sie ihm, wie es verschiedene Farben an unterschiedlichen Flächen auf dem Papier verstreichen kann und wie es die überschüssige Farbe am Rand des Farbtöpfchens vom Pinsel abstreift. Ansonsten lassen Sie ihm einfach freien Lauf. Das Wichtigste ist, dass Ihr Kind lernt, wie es den Pinsel hält bzw. einsetzt und dass es mit der dickflüssigen Farbe umgehen kann.

Abgesehen vom einfachen Bildermalen gibt es viele verschiedene Möglichkeiten, Farbe einzusetzen. Hier sind ein paar einfache Ideen mit großer Wirkung:

 ## Mehlfarbe

Mischen Sie Mehl und Farbe zu einer dickflüssigen Paste. Streichen Sie mit einem großen Pinsel eine Schicht davon auf festes Papier und malen Sie dann Schlangenlinien und andere Muster in die Paste. Lassen Sie die Farbe trocknen und machen Sie Grußkarten, Bilder oder Bilderrahmen daraus.

Pinselstriche

 Farbe und Frischhaltefolie

Lassen Sie abwechselnd Kleckse in zwei oder drei Farben
auf das Papier tropfen. Legen Sie eine Schicht Frischhaltefolie
darüber, drücken Sie sie leicht an und ziehen Sie die Folie
über das Papier, sodass die Farben vermischt werden. Mit Rot
und Gelb funktioniert es besonders gut, wenn Sie ein Bild
von einem Feuer oder einem Sonnenuntergang malen wollen.

 Das brauchen Sie:

Alle Materialien, die Sie für diese Aktivitäten brauchen,
sind preiswert und in Kaufhäusern oder beim Mal- und
Bastelbedarf leicht zu beschaffen:

- Verschüttsichere Farbtöpfe

- Breite Pinsel, für jeden Farbtopf einen

- Fertige Farben in Rot, Gelb und Blau

- Malpapier

Verschüttsichere Farbtöpfe haben einen Deckel mit einem
kleinen Loch für die Pinsel. Die Deckel haben normalerweise
unterschiedliche Farben, sodass das Kind sehen kann, in welchem Topf welche Farbe ist. Kaufen Sie breite Pinsel, am
bestem mit Pinselstielen, die zu den Farben passen.

Eine Staffelei ist für Kinder gut geeignet, doch ein Tisch reicht
auch. Achten Sie darauf, dass der Tisch niedrig genug ist,
damit das Kind die Farbtöpfe gut erreichen kann.

Legen Sie eine alte Plastikdecke auf den Boden und achten
Sie darauf, dass Ihr Kind alte
Sachen trägt. Bei gutem
Wetter kann die Malaktion
draußen stattfinden.

Mit Farben drucken

Man kann fast mit allem drucken: Mit Natur-
materialien oder künstlich hergestellten
Materialien. Das Ergebnis sind die wunder-
barsten Muster oder abstrakten Bilder.

Es gibt keine richtige oder falsche Methode –
was immer ein Kind produziert,
es ist sein ureigenstes Kunstwerk.

Durchsuchen Sie Haus und Garten nach interessant
geformten Sachen – natürliche oder industriell
gefertigte Dinge.

Wechseln Sie sich beim Drucken ab
und lassen Sie die Kinder raten,
welches der „Fundstücke" Sie
zum Drucken genommen haben.
Nehmen Sie zwei Gegenstände
und drucken Sie ein Muster mit
verschiedenen Farben oder be-
drucken Sie das Papier willkürlich, sodass ein interessantes Bild
entsteht.

Farbe in Pulverform funktioniert am besten. Machen
Sie eine cremige Paste daraus und füllen Sie sie in
eine flache Schale. Tauchen Sie Ihre Druckform in die
Farbe und drucken Sie auf das Papier.

Wonach Sie suchen sollten:

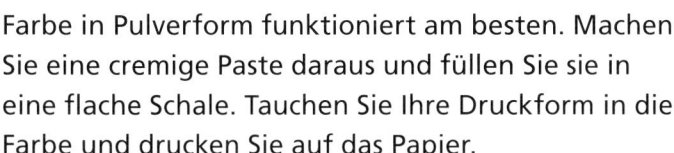

- Garnrollen
- Pappröhren (Toilettenpapier)
- Muscheln
- Zapfen
- Eichel-Hütchen
- Ausstechförmchen

- Alte Zahnbürsten
- Schaumstoffbuchstaben/
  -zahlen
- Schwamm
- Holzklötze
- Baumrinde

- Blätter
- Federn
- Kartoffeln
- Korken …

Mit Wachsstiften malen

Wachsmalstifte sind preiswert und es lässt sich gut damit arbeiten. Sie haben kräftige Farben, sind griffig und eignen sich daher besonders für die ersten Malversuche junger Kinder.

Die ersten Anfänge

Geben Sie den Kindern zunächst die Möglichkeit, die Wachsmalstifte zu erkunden und zu „genießen". Wählen Sie für den Anfang dicke Wachsmalstifte aus und geben Sie den Kindern Malpapier in verschiedenen Farben. Wenn ein Kind etwas Übung hat und in der Lage ist, die Stifte gut festzuhalten, können Sie anfangen, ein paar neue Ideen einzuführen.

Verschiedene Effekte

Zeigen Sie den Kindern, dass sie mit festen Strichen kräftige Farben auf das Papier bringen. Zeigen Sie ihnen, wie sie mit geringem Druck weiche, schattige Effekte erzielen. Wenn man mit den Stiften auf das Papier sticht, erscheinen Punkte und Flecken. Ziehen Sie das Schutzpapier ab und zeigen Sie den Kindern, wie sie mit der Seite des Stiftes malen können. Helfen Sie ein bisschen nach, wenn sie noch nicht stark genug sein sollten, fest aufzudrücken. Wenn ein Kind Spaß an dieser Art der Malerei hat, versuchen Sie, Kerben in einen dicken Wachsmalstift zu schneiden, sodass beim Malen ein Muster entsteht.

Frottage-Bilder

Sobald ein Kind in der Lage ist, den Stift seitlich zu benutzen, kann es „Rubbelbilder" machen. Suchen Sie einen Gegenstand mit einer Struktur, legen Sie ein Blatt Papier darauf und reiben Sie mit dem Wachsmalstift darüber, sodass die Struktur des Gegenstandes auf dem Papier erscheint. Experimentieren Sie mit verschiedenen Gegenständen wie Rindenstücke, Blätter oder Münzen. Versuchen Sie, viele unterschiedliche Farben zu verwenden.

Neue Farben mischen

Aus zwei Farben lässt sich eine neue Farbe mischen. Beginnen Sie mit der dunkleren Farbe, z.B. mit Blau. Zeigen Sie dem Kind, wie es einen Bereich auf einem Blatt Papier anmalen kann. Dabei drückt es leicht auf den Wachsmalstift. Malen Sie den blauen Bereich mit gelber Farbe über, diesmal mit viel Druck auf dem Stift. Beide Farben zusammen ergeben Grün. Dann können Sie dem Kind zeigen, wie es mit einem spitzen Bleistift in die Wachsschicht malen kann und dabei die untere blaue Schicht zum Vorschein kommt. Dabei entsteht ein schönes Muster – und eine schöne Idee für eine Karte oder ein Bild.

Bunte Glasfenster

Geben Sie den Kindern Butterbrotpapier, auf dem sie mit Wachsmalstiften malen können. Die Bilder können Sie dann an ein Fenster kleben und wenn die Sonne darauf scheint, leuchtet die Wachsfarbe wie ein buntes Glasfenster. Bei einer anderen Technik malt man mit Wachsmalstiften auf weißes Schreibmaschinenpapier und bestreicht dann die Rückseite mit Speiseöl. Lassen Sie es trocknen, bevor Sie es ans Fenster kleben.

Mit Wachsstiften malen

 ### Welche Wachsmalstifte für die Kinder?

Falls ein Kind Spaß am Malen mit Wachsmalstiften hat, sehen Sie sich nach verschiedenen Arten von Stiften um – Glitzerfarben, fluoreszierende Farben, Gold- und Silberstifte, dreieckig oder rechteckig geformte. Ältere Kinder können mit dünneren Stiften experimentieren, die Sie außerdem wie Bleistifte anspitzen können. Es gibt auch auswaschbare Wachsmalstifte, falls Ihre jungen Künstler dazu neigen, sich nicht nur auf Papier, sondern auch an den Wänden zu verewigen!

Wenn ein Kind älter wird, regen Sie an, dass es versucht, nur mit ein oder zwei Farben zu malen – weiß und grau auf dunkelblauem Untergrund oder dunkelgrün auf hellgrünem Papier. Experimentieren Sie mit derselben Farbe auf unterschiedlich farbigen Papierbögen. Ein gelber Wachsmalstift kann auf weißem Papier stumpf aussehen, auf schwarzem Papier aber hell und leuchtend. Sprechen Sie darüber, was allen besser gefällt.

Eine Collage herstellen

Formen aus Papier auszuschneiden und aufzukleben, ist nicht schwierig und macht Spaß. Man kann damit schöne Karten und Kalender gestalten und Bilder und Muster kleben.

Collagen fördern die Entwicklung des Kindes auf unterschiedliche Weise:

- Bilder mit verschiedenen Papierarten zu gestalten, gibt ihm die Möglichkeit, kreativ zu sein.

- Der Umgang mit Schere und Klebstoff fördert die Koordinationsfähigkeit und Steuerung von Handbewegungen.

- Eine intensive praktische Beschäftigung wie das Basteln von Collagen hilft, die Konzentrationsfähigkeit des Kindes zu trainieren.

 ## Vorbereitungen

Sammeln Sie Papierreste für die Kinder in einer Kiste: Reststücke von Geschenkpapier, Grußkarten, Wellpappe von Schachteln, auch kleine Stücke Silberfolie, Zellophanverpackungen von Süßigkeiten und Sandpapierreste. Mit unterschiedlichsten Papiersorten bieten Sie den Kindern viele verschiedene Oberflächen, Farben und Muster an, die sie erkunden können. Denken Sie an die unterschiedliche Beschaffenheit von Sandpapier und Zellophan oder an den Gewichtsunterschied zwischen Pappe und Papier. Machen Sie die Kinder nach und nach mit den verschiedenen Papieren vertraut und zeigen Sie ihnen jedes Mal ein oder zwei Sorten. Wenn Sie ihnen alle auf einmal

geben, könnte es zu viel sein. Versuchen Sie zwei gegensätzliche Papiere nebeneinander zu stellen, z.B. Seidenpapier und Pappe oder Geschenkpapier und Sandpapier. Das hilft dem Kind, die Unterschiede in der Beschaffenheit wahrzunehmen und zu erkunden. Jüngeren Kindern macht es einfach Spaß, Papierformen auf einen Untergrund zu kleben. Später können Sie versuchen, die Papierstückchen auf ganz bestimmte Weise aufzukleben: Fände das Kind es schöner, eine Form am unteren Rand des Bildes zu haben oder lieber an der Seite? Kindern macht es darüber hinaus großen Spaß, Bilder von Karten und Zeitschriften auszuschneiden.

Eine Collage herstellen

 ## Schneiden und kleben

Wenn ein Kind alt genug ist, mit einer Schere umzugehen, zeigen Sie ihm, wie es sie halten soll. Nehmen Sie eine Schere mit stumpfen Enden, die speziell für junge Kinder gedacht ist, und lassen Sie das Kind nicht mit der Schere allein. Es lohnt sich, eine qualitativ hochwertige Schere zu nehmen. Nichts ist frustrierender als eine Schere, die nicht schneidet. Wenn ein Kind noch nicht mit Scheren umgehen kann, geben Sie ihm fertig ausgeschnittene Sachen.

Auf diese Weise kann es sich ausschließlich auf die Aufgabe konzentrieren, die Bilder oder Formen anzuordnen und aufzukleben. Selbst ältere Kinder sind noch nicht in der Lage, Sandpapier oder feste Pappe allein zu schneiden. Verwenden Sie ungiftige Klebstoffe, die besonders für Kinder geeignet sind (Prüfen Sie die Angaben auf der Tube, falls der Kleber nicht entsprechend ausgewiesen ist). Eine gute Wahl ist z.B. der weiße PVA-Kleber, den Sie in Spiel- und Schreibwarengeschäften bekommen. Sie brauchen zudem einen kleinen Kleberspachtel aus Plastik; allerdings sollten Sie den Kindern zeigen, wie sie nur einen kleinen Kleberklecks auf den Spachtel nehmen. Jüngere Kinder finden es einfacher, den Untergrund mit Kleber einzustreichen und dann das Bild auf den Kleber zu drücken, statt das Bild selbst anzukleben.

 ## Reißen und knautschen

Papier zu reißen, ist eine Alternative zum Schneiden und man bekommt auf diese Weise interessante Kanten. Sie brauchen einen Bogen geeignetes Papier und ein Buch, das länger ist als das Papier. Legen Sie das Buch so auf das Papier, dass ein Streifen noch zu sehen ist. Drücken Sie das Buch fest auf das Papier und zeigen Sie dem Kind, wie man einen Papierstreifen abreißt. Dieser Streifen lässt sich in kleinere Stücke reißen oder man kann ihn ganz lassen. Experimentieren Sie mit verschiedenen Papiersorten – manche sind einfacher zu reißen als andere. Um eine andere Oberflächenstruktur zu erhalten, können Sie die Papierstreifen knautschen und dann wieder glattstreichen – das sieht wirkungsvoller aus, als es klingt, und außerdem macht es Spaß. Versuchen Sie, Streifen oder Karomuster oder eine Landschaft aus grünen und blauen Schichten zu gestalten. Collagen bieten endlose Möglichkeiten. Wenn ein Kind weniger Aufsicht und Hilfe braucht, können Sie sich dazusetzen und selbst eine Collage basteln. Es ist sehr entspannend und man kann Ideen und Inspirationen austauschen. Zu sehen, wie Sie kreativ sind, ermutigt das Kind und außerdem genießt es die Zusammenarbeit mit einem Erwachsenen.

Lustige Marionetten

Der erzieherische Wert von Marionetten ist kaum zu unterschätzen. Viele Fernsehprogramme mit pädagogischem Anspruch setzen sie ein. Sie können mühelos mit den Kindern daran anknüpfen und brauchen dafür auch keine besonderen oder teuren Materialien.

Die Arbeit an einer einfachen Marionette erfordert von Kindern viele unterschiedliche Fertigkeiten wie die Planung, die Gestaltung, das Ausschneiden und Zusammenbauen, den Umgang mit Werkzeugen und verschiedenen Materialien, Zuhören, Erinnern, Konzentration und Koordination. Die Kinder lernen etwas über Größe und Form. Sie haben die Möglichkeit, kreativ zu sein.

Marionetten ermöglichen es Kindern, eine Erfahrung (gut oder schlecht) erneut zu durchleben und Fantasien nachzugehen.

 ## Schattenpuppen

Um Schattenpuppen herzustellen, müssen Sie nicht gut zeichnen können. Sie können Formen, Menschen, Tiere und Gegenstände aus Zeitschriften ausschneiden, solange die Umrisse klar erkennbar sind. Zeichnen Sie Schablonen nach oder benutzen Sie die Schablonen selbst, indem Sie auf der Rückseite einen Stab befestigen. Als Leinwand nehmen Sie die Wand. Sie können auch einen Bogen Butterbrotpapier an einem Papprahmen befestigen und eine Taschenlampe oder eine Tischleuchte dahinter aufstellen. Das ist schon der Anfang Ihrer Schattenproduktion.

Nehmen Sie schwarze Pappe und schneiden Sie einen Krokodilskopf aus (zwei Teile, siehe Vorlage unten). Schneiden Sie Auge und Nasenloch aus, befestigen Sie eine Schlaufe aus Gummiband oder Pappe mit Klebstoff an den beiden Teilen und führen Sie zwei Finger einer Hand durch diese Schlaufen. Gehen Sie damit zu einer Lichtquelle und schon haben Sie ein trauriges Krokodil mit Zahnschmerzen (Ihr Arm ist der Körper des Krokodils). Führen Sie nun noch eine weitere Silhouette ein, z.B. eine Maus, und beginnen Sie, eine Geschichte zu erzählen.

Schlaufen für Finger

Lustige Marionetten

Licht

Das Licht sollte von einer Taschenlampe kommen, die die Kinder leicht bedienen können. Eine Schreibtischlampe oder eine Projektorlampe sind besser, weil sie stärkeres Licht geben. Richten Sie den Lichtstrahl so aus, dass er über oder unter dem Puppenspieler verläuft und sein Schatten nicht zu sehen ist. Experimentieren Sie mit den Marionetten: Führen Sie sie z.B. näher an die Lichtquelle heran, sodass der Schatten größer wird.

Warnhinweis:

Diese Lampen (Projektor- und Schreibtischlampen) werden heiß und die Kinder sollten nie unbeaufsichtigt bleiben, wenn die Lampen in Gebrauch sind. Buntes Zellophan darf nie zu nahe an eine heiße Glühbirne kommen, da es in Brand gerät; verwenden Sie farbige Glühbirnen.

Bewegliche Marionetten

Wenn Sie mit Ihrer ersten Marionette geübt haben, versuchen Sie es mit einer Marionette mit beweglichen Teilen. Das ist nicht so schwierig, wie es klingt. Mit Hilfe eines Lochers und Musterbeutel-Klammern können Sie Ihre Marionette beweglich machen. Zeichnen Sie den Umriss eines Hais und eines Unterkiefers auf (siehe Vorlage unten). Schneiden Sie beide Teile aus und befestigen Sie sie mit Musterbeutel-Klammern aneinander. Mit Klebeband kleben Sie nun an beide Teile einen Stab und bewegen den Unterkiefer auf und nieder. Und schon haben Sie den Räuber der Meere, wie er leibt und lebt! Basteln Sie noch ein paar Meeresbewohner und einen Schirm mit Meeresmotiven und dann kann's losgehen!

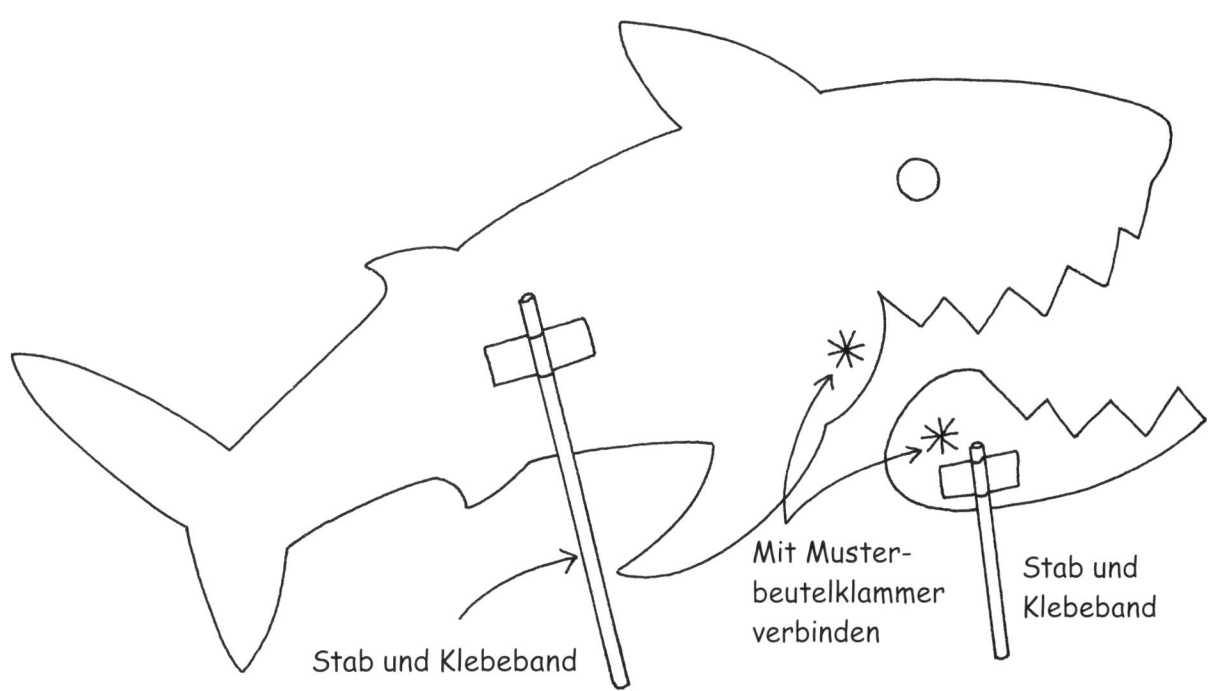

Stab und Klebeband

Mit Musterbeutelklammer verbinden

Stab und Klebeband

Der Zauber des Holzes

Bei diesen kreativen Ideen geht es um Holz – und um die Sinne:
zu Hause, bei Spaziergängen und im Garten.

 ## Holz betrachten

- Sehen Sie sich im Haus nach ebenen Holzoberflächen um,
  z.B. eine Tischplatte, einen Türrahmen oder ein Schneide-
  brett und sehen Sie sich die Holzmaserung genau an.
  Legen Sie ein Blatt Papier auf das Holz und reiben Sie
  mit einem dicken Wachsmalstift darüber. Können Sie
  die Maserung auf dem Rubbelbild noch erkennen?

- Machen Sie einen „Holz-Such-Spaziergang". Sehen
  Sie sich Zäune und Türen und die Rinde, Wurzeln und
  Äste von Bäumen genau an. Bringen Sie ein paar
  herabgefallene Zweige mit in den Kindergarten
  und stellen Sie sie in eine Vase. Bitten Sie die Kinder,
  ein Bild von einem der Zweige zu malen.

 ## Holz anfassen

- Suchen Sie eine Reihe von kleinen
  hölzernen Gegenständen mit
  glatter und rauer Oberfläche
  zusammen, z.B. ein Stück Rinde,
  einen Löffel, einen Zweig und
  einen Holzbaustein. Legen Sie
  sie in einen Kissenbezug und
  lassen Sie die Kinder die Gegenstände ertasten.

- Bitten Sie einen Heimwerker um
  ein paar Holzreste und schmirgeln
  Sie sie mit Sandpapier glatt. Bauen
  Sie einfache Möbelstücke für ein
  Puppenhaus daraus. Sprechen Sie
  mit den Kindern darüber, wie sich
  das Holz nach dem Schmirgeln
  anfühlt.

- Legen Sie in einer alten, mit Erde
  gefüllten Schüssel einen Miniatur-
  garten an. Bauen Sie kleine Bänke

aus Holzresten und stecken Sie
Zweige als Bäume und Sträucher
in die Erde.

- Basteln Sie ungewöhnliche Tiere
  aus Korken. Die Beine werden
  aus Streichhölzern gemacht.

Der Zauber des Holzes

 Dem Holz zuhören

■ Legen Sie sich an einem windigen Tag unter einen Baum und lauschen Sie dem Knarren der Äste und dem Rascheln der Blätter.

■ Sehen Sie jemandem beim Arbeiten mit Holz zu und sprechen Sie mit den Kindern über die verschiedenen Geräusche, die das Hämmern, Sägen, Bohren und Hobeln macht.

■ Stellen Sie kleine Klangstäbe selbst her, indem Sie einen alten Besenstiel in vier Teile zersägen und sie glatt schmirgeln. Jetzt können die Kinder mit den „Rhythmusstöcken" im Takt zur Musik schlagen.

■ Marschieren Sie zur Musik durch den Raum und schlagen Sie mit Holzlöffeln auf hölzerne Schneidebretter.

■ Gehen Sie an einem Holzzaun entlang und halten Sie einen Stock gegen die Latten. Sprechen Sie über die unterschiedlichen Geräusche, die beim langsamen und beim schnellen Gehen entstehen.

Die Saat der Kreativität

Helfen Sie den Kindern, mehr über Samen zu lernen: im Haus, beim Einkaufen, bei Spaziergängen und im Garten.
Hier eine Ideenliste für Eltern.

 ## Erkundungen in der Küche

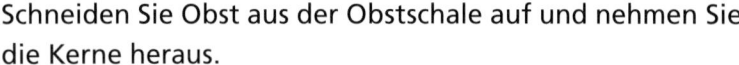

Sehen Sie sich im Küchenschrank nach Samen um. Zeigen Sie Ihrem Kind eine Muskatnuss, getrocknete Erbsen, Linsen oder Bohnen und durchsuchen Sie das Müsli nach Sonnenblumenkernen. Zeigen Sie ihm die Reis- oder Gerstenkörner und auch die Pfefferkörner in der Pfeffermühle.

Schneiden Sie Obst aus der Obstschale auf und nehmen Sie die Kerne heraus.

Erklären Sie, dass all die Sachen, die Sie sich angesehen haben, Samen sind, aus denen neue Pflanzen wachsen. Ermuntern Sie das Kind, sich mit den Sachen zu beschäftigen, und sprechen Sie über ihren Geruch, wie sie aussehen und sich anfühlen.

 ## Expedition zum Supermarkt

Sehen Sie sich im Supermarkt nach kleinen Gläsern mit Samen um, z.B. Koriander oder Sesam, und vergleichen Sie sie mit einer großen Kokosnuss. Wenn möglich, kaufen Sie ein paar ungewöhnliche Samen und zerdrücken Sie sie zu Hause, damit Ihr Kind daran riechen kann.

Wenn Sie das nächste Mal in ein Gartencenter fahren, sehen Sie sich die Samentüten an. Erklären Sie, dass die Bilder auf den Tüten zeigen, wie die Samen in den Tüten aussehen, wenn sie zu Pflanzen herangewachsen sind. Kaufen Sie Senf- und Kressesamen zum Aussäen und einige Samen zum Vögelfüttern.

 ## Garten-Samen-Suche

Lassen Sie Ihr Kind im Frühjahr Samen in einem Behälter oder in einem Teil des Gartens säen. Sammeln Sie später im Jahr Samen von Gartenblumen und sortieren Sie sie nach Arten. Legen Sie einzelne Samen auf ein Stück weißes Papier und versuchen Sie, ein Bild davon zu malen oder zu zeichnen.

Die Saat der Kreativität

 ## Waldspaziergänge

Sammeln Sie Samen wie Kastanien oder Eicheln. Sortieren Sie sie, machen Sie einen einfachen Teig und stecken Sie mit den Samen ein interessantes Muster in den Teig.

 ## Rezept für einen einfachen Teig:

200 g Weizenmehl
100 g Salz
2 Teelöffel Backpulver
1 Esslöffel Speiseöl
300 ml Wasser
Lebensmittelfarbe (falls gewünscht)

1. Mischen Sie Mehl, Backpulver, Öl und Salz in einer Pfanne. Geben Sie die Lebensmittelfarbe in das Wasser, falls Sie es möchten.

2. Rühren Sie das Wasser nach und nach unter die Zutaten in der Pfanne, bis alles gut vermischt ist.

3. Erwärmen Sie die Mischung vorsichtig und unter ständigem Rühren, bis der Teig fest ist. Nehmen Sie die Pfanne vom Herd.

4. Stürzen Sie den Teig auf ein Backbrett und lassen Sie ihn abkühlen, bevor Sie ihn gründlich durchkneten.

5. Dieser Teig dürfte sich über mehrere Wochen im Kühlschrank halten, wenn Sie ihn in Frischhaltefolie einwickeln.

Legen Sie kleine Samen in einen leeren Jogurtbecher und große Samen in einen anderen. Bedecken Sie die Öffnung mit einem Stück Stoff, dass Sie mit einem Gummiband befestigen. Schütteln Sie die beiden Becher und vergleichen Sie die Geräusche.

Eine Muschelplatte basteln

Sammeln Sie Muscheln und interessante Steine bei Ihrem nächsten Strandbesuch. Sobald Sie eine schöne Sammlung zusammengetragen haben, kann das Muschelplattenbasteln beginnen. Es ist eine wunderbare Möglichkeit, Ihre Fundstücke zu zeigen, und lässt sich mit Kindern jeder Altersgruppe durchführen.

 Das brauchen Sie:

Ein Brett oder eine glatte Oberfläche; Knete in einer Farbe, die einen schönen Kontrast zu den Muscheln bildet; Ausstechförmchen, dicke Pappe, dünnes Schleifenband, weißen PVA-Bastelkleber.

 So geht es:

- Drücken Sie eine Knetekugel auf ein Brett und machen Sie daraus einen Pfannkuchen von etwa 1 cm Dicke. Schneiden Sie mit einem Ausstechförmchen eine Form aus, drehen Sie die Knetplatte um, sodass die glatte Unterseite oben liegt.

- Zeigen Sie den Kindern, wie sie mit Daumen und Zeigefinger die Muscheln in die Knete drücken können. Achten Sie darauf, dass die Muschel tief genug eingedrückt ist und nicht wieder herausfällt. Helfen Sie, falls es nötig ist.

- Ältere Kinder können aus unterschiedlichen Formen, Größen und Farben Muster bilden. Sie könnten Rillen in die Knete ritzen, die als Orientierungshilfe dienen. Sterne und Kreise sind für den Anfang gut geeignet.

- Wenn die Platte fertig ist, streichen Sie Bastellack darüber, der für eine glänzende Oberfläche sorgt. Als Alternative können Sie einen Esslöffel weißen Bastelkleber mit zwei Esslöffeln Wasser mischen und die Kinder die Platte damit bestreichen lassen. Wenn die Platte voller weißer Flüssigkeit ist, ist das kein Grund zur Sorge. Daraus wird im trockenen Zustand eine schöne, transparente Schicht.

- Wenn der Lack trocken ist, kleben Sie mit Bastelkleber ein Pappstück auf die Rückseite der Platte. Wenn man vor dem Ausschneiden an der Innenseite des Ausstechförmchens entlang zeichnet, bekommt man die richtige Pappform. Fädeln Sie eine Schlaufe aus dünnem Schleifenband durch und Sie haben eine hübsche Platte, die Sie an die Wand hängen können – als Erinnerung an die Ferien oder als Geschenk für Oma!

Was lernt das Kind dabei:

Wenn es Muscheln in Knete drückt, stellt das Kind eine Art Collage her, ohne dabei schwierige Formen aufkleben zu müssen. Jüngere Kinder haben oft einfach Spaß daran, mit den Muscheln zu hantieren, und es fördert die Auge-Hand-Koordination.

Süße Träume

Machen Sie einen Spaziergang, suchen Sie ein paar Schätze, fügen Sie ein paar getrocknete Nudeln aus dem Küchenschrank hinzu und Sie können den Kindern helfen, einen Traumfänger zu basteln, der vor dem Fenster hängt.

Sammeln Sie Herbstblätter, Kastanien, Samen, Federn usw. Nehmen Sie kleine bunte Blätter und stanzen Sie mit einem Locher ein Loch am Blattrand aus. Machen Sie, wenn es möglich ist, auch Löcher in die Samen und Kastanien, sodass sie ebenfalls aufgefädelt werden können.

 Das brauchen Sie:

Pappteller; Herbstblätter, Samen und kleine Federn (als Alternative können Sie aus roter, gelber und orangefarbener Pappe Blätter ausschneiden und ein Paket Federn im Bastelgeschäft kaufen); Nudelröhrchen; Perlen; Alufolie; Wollfaden oder Schnur; Locher und Schere.

 So geht es:

- Schneiden Sie die Mitte aus dem Pappteller heraus, sodass ein Pappring entsteht. Stanzen Sie mit dem Locher bis zu acht Löcher am Rand aus.

- Fädeln Sie Wolle in unterschiedlichen Farben kreuz und quer über die Öffnung durch die Löcher, sodass ein Netz entsteht.

- Schneiden Sie acht kürzere Wollfäden oder Schnurstücke zu, mit einer Länge von 15–20 cm.

- Fädeln Sie Nudeln, Perlen, Alufolie, Blätter und Samen auf die einzelnen Fäden auf.

- Knoten Sie an jedes Fadenende eine Feder.

- Hängen Sie die bestückten Fäden in die Löcher.

- Hängen Sie den Traumfänger an die Kinderzimmerdecke.

 Traumfänger

Auch wenn die Legende vom Traumfänger von den verschiedenen Indianer-Stämmen unterschiedlich erzählt wird, sagt man den Traumfängern der Indianer nach, dass sie schlafende Kinder vor Albträumen schützen. Schlechte Träume verfangen sich in dem Netz und verschwinden im Morgenlicht, während gute Träume durch die Lücken schlüpfen und in die Seele des Schläfers eindringen.

 Bücher zum Thema

Dempf, Peter; DalLago, Gabriele:
Ein Traumfänger für dich.
ars edition, 2007.
ISBN 978-3-7607-2452-2

Ingpent, Robert:
Der Traumfänger.
Minedition, 2006.
ISBN 978-3-86566-035-0

Musik machen

Nutzen Sie die Zeit im Kindergarten, um gemeinsam mit den Kindern Musik zu genießen und eine Begeisterung und Liebe zu wecken, die sie nie vergessen werden.

 ## Bewegung

Wählen Sie Lieder aus, die die Kinder leicht mit Bewegung verbinden und kombinieren können, z.B. „Backe, backe, Kuchen" oder „Babalu-Tanz". So prägen sie sich Lieder schneller ein und es macht ihnen Spaß.

 ## Verstehen

Musik kann einem Kind helfen, die Welt ringsumher zu verstehen. Singen Sie Lieder über alltägliche Aktivitäten, z.B. „Wer will fleißige Handwerker sehn". Musik kann Kindern auch helfen, mehr über andere Kulturen zu lernen.

 ## Teilen

In Kindergarten oder Schule lernen Kinder zu teilen, wenn sie sich an Instrumenten abwechseln. Zu Hause können Eltern ihre Lieblingsmusik mit ihrem Kind teilen und das Kind kann ihnen Lieder aus dem Kindergarten beibringen.

 ## Instrumente

Kinder lieben Musikinstrumente. Setzen Sie so häufig wie möglich Instrumente ein und basteln Sie selbst welche (z.B. Rasseln, Trommeln ...).

 ## Selbstvertrauen

Singen und Musizieren stärken das Selbstvertrauen der Kinder. Sie müssen kein ausgebildeter Musiker sein, um den Kindern mit einem Selbstbewusstsein vorzusingen, das es nachahmen und nicht kritisieren wird.

 ## Singen

Machen Sie das Singen zu einem festen Bestandteil des Kindergartenalltags. Machen Sie sich keine Sorgen, wenn der Gesang der Kinder nicht besonders melodisch klingt. Das ist in dieser Phase völlig normal.

 ## Schnell/langsam

Musik wird mit unterschiedlichen Geschwindigkeiten gespielt. Singen Sie Lieder schnell und dann langsam. Versuchen Sie es auch mit schnellem oder langsamem Klatschen, Stampfen usw.

 ## Universell

Musik ist wirklich für alle Menschen da und es gibt so viele Arten von Musik zu entdecken. Oft lieben Kinder Jazzmusik oder Klassik. Sehen Sie nach, was Sie in Ihrer Musiksammlung finden können.

 ## Laut/leise

Das ist ein weiteres wichtiges Merkmal der Musik – der Fachbegriff lautet „Dynamik". Beobachten Sie, wie ein Kind auf laute und leise Musik reagiert. Welche gefällt ihm besser? Macht es gleichermaßen Spaß, wenn man laut oder leise mit einem Löffel gegen die Tasse schlägt?

X steht für ... Xylophon!

Musikinstrumente müssen nicht immer für viel Geld gekauft werden. Hier ein paar Ideen, wie Sie Ihre eigenen Rhythmusinstrumente basteln können.

Kinder haben großen Spaß daran, sich einfache Melodien auszudenken und sie auf einem Xylophon zu spielen. Wenn die Klangstäbe farbig markiert werden, können sie ihre Melodie beschreiben. Helfen Sie ihnen, sie in den entsprechenden Farben aufzuschreiben (z.B. eine rote Note, zwei blaue Noten, eine rote), sodass sie sie nachspielen können, wie ein echter Komponist!

 Das brauchen Sie:

- eine Spanplatte als Bodenplatte. *(Spanplatten gibt es im Baumarkt und vielleicht können Sie ein preiswertes Reststück kaufen. Sie brauchen ein Rechteck mit einer Kantenlänge von 25 x 12,5 cm.)*

- zwei rechteckige Holzstücke (etwa 24 x 5 cm). *(Kleben Sie sie mit Kraftkleber in V-Form an die Bodenplatte und bekleben Sie die Oberkanten mit Silikon-Dichtungspaste.)*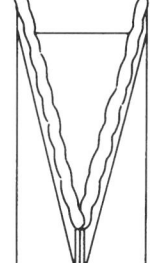

- einen Schlegel. *(Diesen können Sie in Musikgeschäften oder Spielwarenläden kaufen.)*

- rotes und blaues Isolierband. *(Bekleben Sie die Kanten der Bodenplatte mit rotem und blauem Isolierband, damit man sich daran nicht verletzen kann.)*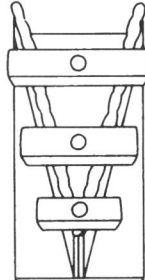

- drei unterschiedlich große Holzstreifen, geschmirgelt und mit Filzstiften rot, grün und blau bemalt (Klangstäbe). *(Legen Sie sie ohne Befestigung auf das Grundgerüst, damit die Kinder sie anders anordnen können.)*

 Was man mit Dosen, Bechern und Kartons noch machen kann:

- Verwandeln Sie einen leeren Margarinebecher in eine Trommel. Verzieren Sie ihn mit buntem Isolierband.

- Machen Sie aus einem Jogurtbecher ein Schüttelinstrument. Füllen Sie ihn mit Sachen, die unterschiedliche Töne erzeugen – Erbsen, Muscheln, Sand, Knöpfe und Nudeln –, lassen Sie das Kind damit experimentieren. Was erzeugt einen lauten Ton? Was macht leise Töne? Bedecken Sie die Öffnung mit Plastikfolie und gut klebendem Isolierband, sodass das Kind sie nicht aufbekommt. Durchsichtige Plastiktrinkflaschen sind für diesen Zweck auch gut geeignet.

- Ziehen Sie Gummibänder über einen alten Schuhkarton und zupfen Sie an den Gummisaiten. Fixieren Sie die Gummibänder mit Klebeband am Boden des Kartons, damit sie sich nicht unkontrolliert vom Karton lösen.

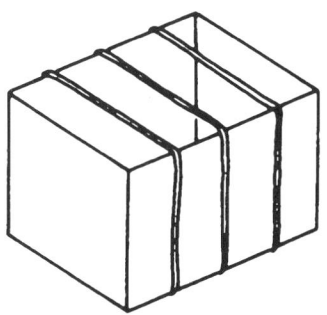

Eine Trommel basteln

Diese schlichte Pappkartontrommel ist leicht nachzubasteln.

 Das brauchen Sie:

- Pappkarton

- Band oder langen Schal

- Farbe oder Aufkleber

- Klebeband und Schere

- zwei Holzlöffel oder Haselnussruten, vom Strauch geschnitten, oder einen Besenstiel, in vier Teile (zwei Schlegelpaare) gesägt.

 So geht es:

1. Die Oberseite des Kartons mit Klebeband überkleben.

2. Die Laschen am Kartonboden abschneiden.

3. Zwei Schlitze in die Oberseite schneiden, einen an jede Seite.

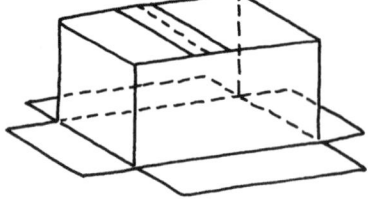

4. Band durchfädeln – so lang, dass es über den Kopf gestreift werden kann und der Karton etwa in Bauchhöhe hängt (im Inneren des Kartons zusammenknoten).

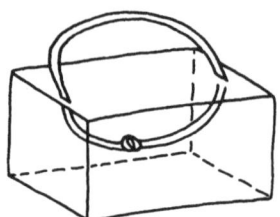

5. Den Karton anmalen und verzieren – und spielen!

 Weitere Ideen:

- Blumentöpfe aus Ton sind auch gut geeignet, um damit Rhythmusinstrumente zu basteln. Fädeln Sie einen Stock, der an ein Stück Schnur geknotet ist, durch das Loch, um ihn wie eine Glocke aufzuhängen. Hängen Sie gleich eine ganze Reihe auf.

- Stellen Sie eine große Keksdose auf einen Stuhl, einen umgedrehten Mülleimer oder Plastikschüsseln und Eimer auf den Boden neben den Musiker.

- Umgeben Sie sich mit Klängen und verwenden Sie Metall- und/oder Holzlöffel als Schlegel.

Schulbeginn

In der Spiel-
gruppe oder im Kindergar-
ten wird ein Kind auf die „große
Schule" vorbereitet. Dem Kind wird
der Übergang noch leichter fallen, wenn
Eltern ihre Kinder dabei unterstützen und
in ganz bestimmten Bereichen fördern. Auf
den folgenden Seiten sind Ideenlisten für
Eltern aufgeführt. Einiges wird Ihnen be-
kannt vorkommen, aber vielleicht finden Sie noch andere Aktivitäten,
die Sie mit den Kindern ausprobieren möchten.

Wie Sie Ihrem Kind helfen können

Die ersten Wochen und Monate in der Grundschule können für die ganze Familie eines Erstklässlers schwierig sein. Hier sind ein paar Hinweise, was Sie erwartet und wo Sie helfen können.

Es ist hilfreich, wenn ein Kind weitgehend selbständig ist, wenn es in die Schule kommt. Es sollte vor allem allein zur Toilette gehen und sich die Hände waschen, sich für den Sportunterricht umziehen und sich den Anorak anziehen können, um nach draußen zu gehen.

Ermuntern Sie Ihr Kind, beim Anziehen und bei den Mahlzeiten so selbständig wie möglich zu sein. Erlauben Sie ihm, sich selbst und auch seinen Freunden und Geschwistern kalte Getränke einzugießen. Gewöhnen Sie es daran, seine Spielsachen an die Stelle zu räumen, an die sie gehören. Das wird man in der Schule von ihm erwarten.

Das Kind muss in der Lage sein, zuzuhören und seinen eigenen Namen zu erkennen. Mit den folgenden Übungen können Sie ihm helfen:

- Spielen Sie Spiele, bei denen es ums Zuhören geht, z.B. „Ich höre was, was du nicht hörst."

- Ermuntern Sie Ihr Kind, sich Musik anzuhören – spielen Sie ihm vielleicht eine Aufnahme eines neuen Liedes vor.

- Sprechen Sie mit ihm über die Dinge, die es in der Spielgruppe oder im Kindergarten gemacht hat.

Einige Fünfjährige sind erschöpft, wenn sie ihren Schultag hinter sich haben. Diese Müdigkeit kann zu Wutausbrüchen, Bettnässen, Albträumen oder anderen Verhaltensveränderungen führen.

Wenn das Kind auf dem Nachhauseweg oder zu Hause einschläft, kann der tägliche Ablauf durcheinandergeraten: Mahlzeiten werden verschoben, das Kind geht später zu Bett und das führt zu größerer Anspannung und Müdigkeit sowohl bei Ihnen als auch bei Ihrem Kind. In dieser Situation sind viel Verständnis, Ermutigung und ein ruhiges Gespräch mit der Lehrerin/dem Lehrer nötig. Sie/Er nimmt die Tatsache, dass Sie versuchen zu helfen, sicher gerne zur Kenntnis. Wenn Sie den Eindruck haben, dass Ihr Kind nicht gut zurechtkommt, sprechen Sie mit der Lehrerin/dem Lehrer und überlegen Sie gemeinsam, wie sich das Problem lösen lässt.

Wenn die Zeit für den Übergang vom Kindergarten in die Grundschule gekommen ist, ist es besonders wichtig, Ihrem Kind die Angst vor dem Neuen zu nehmen und ihm die Schule und die Mitschüler zu zeigen. Je häufiger die Kinder ihre künftige Schule besuchen können, desto sicherer fühlen sie sich. Diese Besuche helfen Ihnen und Ihrem Kind, sich auf die neue Situation vorzubereiten. Ist Ihr Kind in der Schule tatsächlich unglücklich, können Sie sich dem Problem viel besser stellen, wenn Sie wissen, wie Sie darauf reagieren könnten. Und Ihr Kind ist beruhigt, wenn es merkt, dass die Eltern eine Beziehung zu dem Erwachsenen aufbauen, der sie in der Schule betreut.

Vorbereitungen auf die große Pause

Machen Sie sich Gedanken, wie Ihr Kind in der großen Pause zurechtkommen wird? Ist Ihr Kind beunruhigt, weil es nicht weiß, was auf sie/ihn zukommt? Hier sind ein paar Ideen für Eltern, wie man den Übergang vom Kindergarten zur Grundschule erfreulich gestalten kann.

Lassen Sie Ihr Kind noch vor dem Eintritt in die Schule sehen, wie es in der großen Pause auf dem Schulhof zugeht. Stellen Sie sich möglichst vor das Schultor und beobachten Sie das Geschehen aus der Ferne. Vielleicht können Sie die Kinder nicht sehen, aber Sie hören Stimmen und Gelächter.

 Was Sie noch tun können:

■ Sprechen Sie mit Ihrem Kind über die Pause. Überlegen Sie, mit wem und was es spielen kann.

■ Besprechen Sie, was passiert, wenn die Pause vorbei ist und wie man das Ende der Pause mitbekommt.

■ Erzählen Sie Ihrem Kind Geschichten über die Schule und über Spiele in der Pause.

■ Sehen Sie sich gemeinsam Bücher über die Schule an.

Wenn Ihr Kind die Möglichkeit hat, an einführenden Unterrichtsstunden teilzunehmen, gehen Sie mit ihm über den Schulhof und zeigen Sie ihm die verschiedenen Bereiche.

Falls Sie zu einem vorbereitenden Elternabend gehen, stellen Sie Fragen zur großen Pause. Fragen Sie, wo die Kinder spielen. Ist die ganze Schule auf dem Schulhof? Gibt es Spielsachen, die in der großen Pause benutzt werden können? Fragen Sie, was am Ende der Pause geschieht. Wo stellen sich die Kinder auf?

Je mehr Informationen Sie sammeln, desto mehr können Sie an Ihr Kind weitergeben. Auf diese Weise beugen Sie Überraschungen vor und die Wahrscheinlichkeit ist größer, dass Ihr Kind von Anfang an mit der Pause zurechtkommt.

Laden Sie Freunde zum Spielen ein, die in derselben Klasse sein werden. Wenn Sie vor Schulbeginn keine anderen Kinder aus der Schule kennen, tun Sie es in den ersten Wochen des ersten Schuljahres.

Fragen Sie Ihr Kind regelmäßig nach der Pause, warum es sich nicht wohlfühlt:

■ Versuchen Sie herauszufinden, warum es die Pause nicht mag.

■ Sprechen Sie mit der Klassenlehrerin/ dem Klassenlehrer.

■ Sprechen Sie mit anderen Eltern. Vielleicht können Sie Ihr Kind mit anderen Kindern zusammenbringen.

■ Sprechen Sie mit Ihrem Kind über freundliches Verhalten, wie man mit einem Freund spricht, wie man teilt oder nach der Pause auf einen Freund wartet.

Vorbereitungen auf die große Pause

 Essenszeit

- Wenn Ihr Kind Pausenbrote von zu Hause mitnimmt, geben Sie ihm nicht zu viel mit.

- Geben Sie ihm nur Sachen mit, die es mag – dies ist keine Zeit für Experimente.

- Vergewissern Sie sich, dass es die Butterbrotdose aufbekommt und seine Tasche verstauen kann.

- Wenn Ihr Kind eine Ganztagsgrundschule besucht und eine warme Mittagsmahlzeit bekommt, achten Sie darauf, dass es daran gewöhnt ist, am Tisch zu essen.

- Sorgen Sie dafür, dass es mit Messer und Gabel essen kann (sonst machen sich andere Kinder über seine Ungeschicklichkeit lustig).

- Ermuntern Sie Ihr Kind aufzuzeigen, wenn es etwas braucht (Probieren Sie es bei Mahlzeiten zu Hause aus).

- Sagen Sie ihm, dass ein verschüttetes Getränk kein Weltuntergang ist. Zeigen Sie ihm, wie es Getränkepfützen oder Essensreste selbst mit einem Lappen aufwischen kann.

Hinweise zur ersten Beurteilung

Jedes Kind wird zu Beginn der Grundschule beurteilt. Hier erläutern wir, was das bedeutet, womit Sie rechnen müssen und geben Tipps, wie Sie und Ihr Kind mit den Beurteilungen umgehen können.

Wozu dienen die Beurteilungen?

Im Laufe der ersten Wochen der Grundschule werden die LehrerInnen eine erste Beurteilung Ihres Kindes durchführen. Damit wollen sie herausfinden, was Ihr Kind zurzeit kann. Sie können auf der Grundlage dieser Informationen weitere Lernschritte planen.

Was müssen die Kinder tun?

Im Moment werden viele unterschiedliche Beurteilungsverfahren angewendet. Manche stützen sich auf die Beobachtung der Kinder bei alltäglichen Aktivitäten in der Schule, während die Kinder bei anderen Verfahren spezielle Aufgaben durchführen müssen. Manche Verfahren mischen diese beiden Ansätze. Sie alle zielen aber darauf ab, den Entwicklungsstand der Kinder zu erfassen. Dazu gehören:

- die kognitive und motivationale Entwicklung,
- die persönliche, soziale und emotionale Entwicklung,
- die Kommunikations- und Sprachfähigkeit,
- die schriftsprachliche und mathematische Entwicklung,
- die allgemeine Motorik und Feinmotorik,
- die Wahrnehmung.

Da die Beurteilungen normalerweise so angelegt sind, dass sie wie ein Teil einer gewöhnlichen Unterrichtsaktivität erscheinen, kann es sein, dass Ihr Kind gar nicht merkt, dass es beurteilt wird.

Was müssen Sie tun?

Bei diesen ersten Beurteilungen handelt es sich nicht um Tests, die die Kinder bestehen oder nicht bestehen. Sie sind eine Möglichkeit für LehrerInnen, Ihr Kind kennenzulernen. Sie brauchen das Kind nicht auf dieses Verfahren vorzubereiten. Es ist viel besser, wenn der Lehrer Ihres Kindes herausfindet, wozu es ohne gezielte Vorbereitung in der Lage ist, und den Lernstoff entsprechend plant.

Hinweise zur ersten Beurteilung

Wie können Sie helfen?

Wenn Sie Ihrem Kind vermitteln, dass das Lernen ein selbstverständlicher und vergnüglicher Bestandteil des Großwerdens ist, ist das die beste Hilfe für einen guten Start ins Schulleben. Dieses Ziel können Sie auf unterschiedliche Weise erreichen. Sie können z.B. mit ihm Bücher so ansehen und lesen, dass das Kind es als entspannend und erfreulich erlebt. Sicherlich tun Sie bereits viele dieser Dinge, z.B. mit Ihrem Kind sprechen und mit ihm spielen. Nutzen Sie alltägliche Situationen und Abläufe aus, z.B. beim Backen Zutaten abwiegen und Eier zählen, in der Badewanne mit Wasser spielen ...

Wenn Sie zum ersten Mal in die Schule Ihres Kindes gehen, wird die Lehrerin/der Lehrer Ihnen sagen können, welches Beurteilungsverfahren an der Schule üblich ist.

Was passiert danach?

Nach der ersten Beurteilung wird der Lehrer Ihnen mitteilen, wie Ihr Kind abgeschnitten hat. Denken Sie daran, dass es dabei nicht um Bestehen oder Durchfallen geht – bei diesen ersten Beurteilungen gibt es das nicht. Er wird Ihnen allerdings sagen, in welche Richtung sich Ihr Kind mit seinen nächsten Lernschritten bewegt und wie Sie es dabei unterstützen können.

Literatur und Internet

Bostelmann, Antje (Hrsg.):
Bildungsabenteuer Kindergarten.
Lernen in den sechs Bildungsbereichen.
3 – 6 J. Verlag an der Ruhr, 2007.
ISBN 978-3-8346-0246-6

Bostelmann, Antje; Fink, Michael:
Pädagogische Prozesse im Kindergarten,
Planung, Umsetzung, Evaluierung.
Cornelsen Verlag Scriptor, 2003.
ISBN 978-3-589-25266-4

Boston, Lisa:
Singen, spielen, kreativ sein rund um Tiere.
33 Kurzprojekte für 4- bis 6-Jährige.
Verlag an der Ruhr, 2007.
ISBN 978-3-8346-0241-1

Gerlach, Christine:
Die Kinder-Lernwerkstatt. Frühling.
Lernangebote für Kinder von 3 bis 6 Jahren.
Verlag an der Ruhr, 2006.
ISBN 978-3-8346-0245-9

Gerlach, Christine:
Die Kinder-Lernwerkstatt. Herbst.
Lernangebote für Kinder von 3 bis 6 Jahren.
Verlag an der Ruhr, 2006.
ISBN 978-3-8346-0200-8

Oezogul, Uta:
Englisch mit allen Sinnen. 4 – 8 J.
Alphabet und Zahlen für Frühlerner.
ISBN 978-3-8346-0202-2
Zeit und Jahreszeiten für Frühlerner.
ISBN 978-3-8346-0203-9

Oezogul, Uta:
Sprachförderung für 3- bis 7-Jährige. Ausge-
arbeitete Stunden und Materialien für ein
ganzes Jahr. Verlag an der Ruhr, 2007.
ISBN 978-3-8346-0240-4

Schneider, M.; Schneider, R.; Wolters, D.:
Bewegen und Entspannen nach Musik.
Rhythmisierungen, Bewegung und Ausgleich
in Kindergarten und Unterricht.
Verlag an der Ruhr, 1998.
ISBN 978-3-86072-150-6

Scholz, Gerold:
Bildungsarbeit mit Kindern: Lernen ja –
Verschulung nein. 3 – 10 J.
Verlag an der Ruhr, 2006.
ISBN 978-3-8346-0211-4

Seefeldt, Carol:
Das habe ich gemacht und ich kann noch
mehr. Ausstellungen und Präsentationen
motivieren zum Weiterlernen. 4 – 7 J.
Verlag an der Ruhr, 2006.
ISBN 978-3-8346-0050-9

Weber, Sigrid:
Die Bildungsbereiche im Kindergarten.
Herder Verlag, 2003.
ISBN 978-3-451-28143-3

- Informative Seiten mit Basteltipps, Spielideen, Singspiele, Malvorlagen und vieles
mehr:
www.kleinkind-online.de
www.kindergaudi.de

- Ein Online-Handbuch zum Nachschlagen
pädagogischer Begriffe und Themen:
www.kindergartenpaedagogik.de

- Lieder, Reime, Geschichten, Märchen und
mehr:
www.sprucheportal.de/kinderreime.php
www.hekaya.de
www.labbe.de/liederbaum/index.asp